인권을 지켜 주상요

상상의집

인권은 누가 지켜 주나요?

글 남상욱 | **그림** 이주희 | **사진** shutterstock
펴낸날 2015년 6월 23일 초판 1쇄, 2021년 7월 9일 초판 11쇄
펴낸이 김상수 | **기획 · 편집** 서유진, 권정화, 조유진, 이성령 | **디자인** 문정선, 조은영 | **영업 · 마케팅** 황형석, 임혜은
펴낸곳 루크하우스 | **주소** 서울시 서초구 사임당로 50 해양빌딩 504호 | **전화** 02)468-5057 | **팩스** 02)468-5051
출판등록 2010년 12월 15일 제2010-59호
www.lukhouse.com cafe.naver.com/lukhouse

ⓒ 남상욱 2015
저작권자의 동의 없이 무단 복제 및 전재를 금합니다.

ISBN 979-11-5568-195-4 73300

※ 잘못된 책은 구입처에서 바꾸어 드립니다.
※ 값은 뒤표지에 있습니다.

상상의집은 (주)루크하우스의 아동출판 브랜드입니다.

인권 쑥쑥 지켜 주나요

 머리말

'사람'에 대해 생각해 봐요!

　사람이 사람에 대해서 생각하는 건 얼마나 당연한 일인가요. 그런데 지금 우리는 너무 바빠요. 공부도 해야 하고, 텔레비전도 봐야 하고, 인터넷도 해야 하고, 게임도 해야 해요. 그러다 보니 사람에 대해 생각할 시간이 점점 줄어 가요. 세상은 점점 더 각박해져 가고 있는 것만 같아요.
　잠시만 바삐 걷는 발걸음을 멈춰 보세요. 그리고 사람에 대해 생각해 봐요. 사람에 대해 생각한다는 건 대체 뭘까요? 그래요, 그게 바로 인권이랍니다.
　'인권'이란 '사람으로서 당연히 가져야 하는 권리'를 뜻해요. 사람이 사람답기 위해서 무엇이 필요한지를 생각해 보는 것이, 인권의 첫걸음이죠.
　인권에서 가리키는 사람은 모두 셋이에요. 누구일까요?
　첫째, 우리가 먼저 생각해야 하는 사람은 바로 '나'예요. 내가 사람답게 살기 위해서는 무엇이 필요할까요?
　둘째, 세상은 나만 사는 곳이 아니에요. 수많은 '너'와 함께 살고 있지요. 나의 인권이 중요한 만큼, 다른 사람의 인권 역시 중요해요. 서로의 인권을 함께 지키는 방법은 무엇일까요?

 셋째, '우리' 모두 사람이에요. 사람과 사람이 모여 집단을 이루고 사회를 이루며 살아가요. 특히 현대 사회는 수많은 사람들이 모여 관계를 맺고 있지요. 오늘날, 모두의 인권을 지키기 위해서는 어떻게 해야 할까요?

 지금 우리가 당연하게 누리는 인권은, 과거 많은 사람들이 간절히 바랐던 것이에요.

 시간이 흐르며 인권의 모습도 변해 가고 있는데요, 하지만 그 기본 정신은 절대 변하지 않아요. 사람이 사람을 생각하는 것만큼 당연한 일은 없으니까요.

 이 책을 읽고 나서 여러분이 사람에 대해 한 번 더 생각해 보는 시간을 가졌으면 좋겠어요. 그리고 나와 너, 우리 모두를 위해 인권을 스스로 지켰으면 해요.

여름이 찾아오는 어느 날

남상욱

차례

01 인권이 뭐예요?
- 널리 인간을 이롭게 하라! • 10
- 단군 할아버지가 들려주는 인권 이야기 • 12
- 우리 주변의 인권 • 14
- 우리가 지켜요! • 18
- 더 알아보기 세계 인권 선언, 함께 지켜요! • 22

02 나는 존엄해요
- 모든 사람은 존엄하며 행복할 권리가 있어요! • 26
- 심청이 들려주는 존엄성과 행복 추구권 이야기 • 28
- 우리 주변의 인권 • 30
- 우리가 지켜요! • 34
- 더 알아보기 차라리? 그래도? 존엄사 • 38

03 나는 자유로워요
- 자유의 소중함을 깨달았어요! • 42
- 손오공이 들려주는 자유권 이야기 • 44
- 우리 주변의 인권 • 46
- 우리가 지켜요! • 50
- 더 알아보기 어린이의 자유에는 제한이 따른다?! • 54

04 나와 너, 누구나 평등해요
- 세상에 평등사상을 뿌리내릴 활빈당을 모집합니다! • 58
- 홍길동이 들려주는 평등권 이야기 • 60
- 우리 주변의 인권 • 62
- 우리가 지켜요! • 66
- 더 알아보기 모두 평등하게! 소수 집단 우대 정책 • 70

05
나와 너, 같이 행복한 세상!

모두가 인간답게 살아야 한다고요! • 74
행복한 왕자가 들려주는 사회권 이야기 • 76
우리 주변의 인권 • 78
우리가 지켜요! • 82
더 알아보기 비정규직이 뭐예요? • 86

06
우리는 평화를 꿈꿔요

악마를 물리친 비법, 평화! • 90
바보 이반이 들려주는 평화권 이야기 • 92
우리 주변의 인권 • 94
우리가 지켜요! • 98
더 알아보기 책 대신 총을 든 소년들 • 102

07
우리 모두 함께!

동물의 생명과 자유도 소중해요! • 106
개구리 왕자가 들려주는 동물권 이야기 • 108
우리 주변의 인권 • 110
우리가 지켜요! • 114
더 알아보기 동물 복지라고요? • 118

널리 인간을 이롭게 하라!

하늘나라의 임금인 환인에게는 환웅이라는 아들이 있었어요. 환웅은 늘 인간 세상에서 살기를 바랐지요. 환인은 환웅에게 거울, 칼, 방울의 세 가지 보물과 삼천 명의 신하를 내주어 인간 세상으로 보냈답니다.

어느 날, 곰과 호랑이가 사람이 되고 싶다며 환웅을 찾아왔어요. 환웅은 쑥과 마늘만 먹으며 백 일 동안 햇빛을 보지 말라고 했지요. 곰은 동굴에서 쑥과 마늘을 먹으며 지냈지만 호랑이는 참지 못했어요. 마침내 곰은 소원을 이루어 여인이 되었고 환웅과 결혼해 아이를 낳았답니다. 아이는 부모님의 사랑을 받으며 쑥쑥 자랐지요. 그런데 어느 날부터인가 궁금증이 생겼어요.

'왜 사람들은 싸우는 것일까?'

그 당시 한반도에는 여러 부족이 모여 살고 있었어요. 서로 싸우느라 하루도 조용할 날이 없었죠.

"추운 곳에서 온 미련한 부족아! 썩 꺼지지 못해!"

"더운 곳에서 온 냄새나는 부족이 어디서 주인 행세야!"
"바닷가에서 사는 부족은 생선만 먹어서 비린내가 나."
"들판에 사는 너희는 고기만 먹어서 바보가 된 거라고!"
아이는 이런 모습을 볼 때마다 안타까웠어요.
'서로 다른 걸 깨닫고 함께하면 모두 행복할 텐데.'
청년으로 자라난 아이는 자신의 생각을 실천하기 시작했어요. 부족들을 화해시키고 힘을 모았지요. 그리고 홍익인간 정신을 바탕으로 고조선을 세웠답니다.
어릴 적부터 사람들의 '다름'을 생각했던 아이, 우리 민족의 시조인 단군왕검이에요.

단군 할아버지가 들려주는
인권 이야기

고조선 건국 신화에 나오는 홍익인간 정신. 먼 옛날 만들어진 고리타분한 말인 줄 알았는데요. 오늘날 홍익인간 정신이 다시 주목받고 있다고 해요. 왜 그런지 단군 할아버지를 만나 그 이유를 들어 볼까요?

　허허, 반갑네. 어린이 친구들. 나는 여러분의 영원한 할아버지, 단군 할아버지란다. 이렇게 손자 손녀들을 만나게 되어서 정말 흐뭇하구나.
　요즘 들어 홍익인간 정신이 다시 주목을 받고 있다지? 그건 '널리 인간을 이롭게 하라.'라는 홍익인간 정신이 인권 정신과 맞닿아 있기 때문이란다. 인간을 최고의 가치를 지닌 존재로 보고 존중하는 바로 그 점이 말이다. 그렇다면 인권이란 대체 뭘까?
　인권이란 인간으로서 당연히 누려야 할, 인간답게 살 권리를 말한단다. 우리는 태어나면서부터 인권을 가지고 태어나지. 이것을 '천부 인권'이라고 해. 하지만 누구나 인권을 누리게 된 건 사실 그리 오래된 일이 아니란다.
　능력을 펼치지 못하고 신분제 앞에 무릎 꿇은 백성들, 남성보다 뒤떨어진 존재로 여겨지며 사회 활동에 참여하지 못한 여성들, 백인에게 물건처럼 취급받으며 노예로 부려진 흑인들……, 불과 백 년 전까지만 해도 인권을 누리지 못하는 사람들이 많이 있었단다.

이들이 차별받은 이유는 하나였지. 바로 다른 것을 틀리다고 여기는 그릇된 생각 때문이었어. 이런 생각은 결국 커다란 전쟁을 불러일으켰지.

끔찍한 세계 대전을 두 번이나 겪은 뒤에야 사람들은 깨달았단다. 이 비극이 차이를 인정하지 않은 데서 온 것을. 그래서 1948년 12월 10일, 세계 여러 나라의 대표들이 모여 인권을 지키기 위해 노력하기로 약속했지. 바로 '세계 인권 선언'이란다. 세계 인권 선언은 서로의 차이를 인정하고 형제애를 가지고 지내자는 마음에서 비롯된 게야.

세계 인권 선언이 발표된 뒤, 사람들은 인권에 대해 다시금 생각해 보게 되었단다. 그리고 인권의 발전을 위해 노력했지. 시대에 따라 인권의 모습이 달라지기도 했지만, 서로의 차이를 인정하고 존중하는 그 기본 정신은 절대 변하지 않았단다.

아마 여러분이 어른이 되면 전 세계는 하나의 마을이 될 게야. 지금도 인터넷을 통해 지구 반대편의 소식을 들을 수 있고, 비행기를 타고 어디든 갈 수 있지 않니? 전 세계가 하나의 마을이 되는 그 순간, 인권은 인류의 가장 중요한 가치로 자리 잡을 것이란다.

그러니 지금부터 '나'의 인권을 지키고, 다른 사람의 인권을 존중해 주려는 노력을 해야 해. 나 자신뿐 아니라 다른 사람을 사랑하는 마음, 이것이 바로 홍익인간 정신이 아니고 무엇이겠니?

자, 이제 할아버지는 돌아가야겠구나. 홍익인간 정신을 가슴속에 깊이 새기거라. 그것이 곧 인권 정신이니 말이다. 그럼 다음에 또 만나자꾸나.

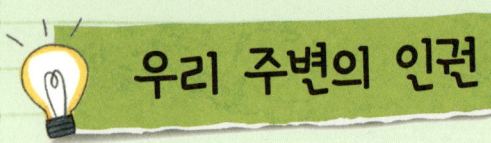

우리 주변의 인권

인권이란 인간이라면 누구나 당연히 누려야 할, 인간답게 살 권리를 말해요. 우리 모두는 태어나면서부터 인권을 가지고 있어요. 하지만 그게 당연하지 않을 때도 있었죠.

과거 신분제 사회에서, 사람들은 하늘이 신분을 정해 줬다고 믿었어요. 그래서 왕이나 귀족에게만 권리가 있다고 생각했지요.

그런데 지금 우리가 살고 있는 민주주의 사회에서는 어떤가요? 모두가 태어나면서부터 인권을 가진다는 사실을 당연하게 받아들이고 있지요?

하지만 지금도 우리는 다른 이들의 인권을 인정하지 하고 침해하는 사람들을 볼 수 있어요. 그 사람들이 그러는 이유는 바로 '편견'이라는 마음의 색안경을 꼈기 때문이에요.

학교 가기 전에 꼭 하는 일이 있어. 바로 콘택트렌즈를 끼는 거야. 눈이 나쁘냐고? 아니야. 내 눈은 파란색이거든. 검은 눈동자의 친구들이 나를 보며 말했어. "넌 왜 우리랑 틀려?" 그날부터 나는 콘택트렌즈를 끼기 시작했어.

색안경을 쓰면 세상이 한 가지 색으로만 보여요. 이처럼, 편견을 가지면 생각이 한쪽으로 치우쳐 자기만 옳고 다른 사람은 틀리다고 생각하게 되지요.

이를테면 우리는 흔히 '살색'이라는 말을 써요. 그런데 이 말 속에 편견이 숨어 있다는 사실, 알고 있나요?

> 나는 학교 가는 게 정말 싫어. 내 피부는 다른 아이들보다 조금 더 까무잡잡하거든. 그걸 가지고 친구들이 '시커먼스'라고 놀리지 뭐야. 한번은 어떤 친구가 검은색 크레파스를 주며 "넌 이게 살색이지?"라고도 했어. 나는 내 피부색이 창피해.

2005년 '살색' 크레파스가 사라졌어요. 현재는 '살색' 대신 '살구색'이라는 표현을 쓰고 있지요. 어떻게 된 일이냐고요? 특정 색을 '살색'으로 부르는 것은 차별을 부추길 수도 있어서예요.

주변을 둘러보세요. 어떤 친구는 하얗고, 어떤 친구는 노랗고, 또 어떤 친구는 까무잡잡하지 않나요? 모두 살빛인데 말이에요. 그러니 특정 색을 '살색'이라고 정하는 것은 차별이라 할 수 있지요.

피부색뿐 아니라 키, 몸무게 등 우리 모두는 서로 달라요. 이러한 차이를 인정해야 해요. 하지만 다른 것을 틀리다고 생각하는 사람이 아직도 많아요. 이러한 생각이 편견을 낳지요.

2013년 기준으로 우리나라에 사는 외국인 수가 150만 명을 넘었고, 우리나라 사람과 결혼해 이민 온 외국인 수도 15만 명을 넘었다고 해요. 이 수치는 앞으로도 점점 늘어날 거예요. 그야말로 다문화 사회가 된 거죠. 그런데 우리가 다문화 가정을 바라보는 시선은 어떤가요? 그들이 낯설다고 차별의 시선으로 바라보고 있지는 않나요?

우리는 때로 낯선 존재에 대해 두려움을 느껴요. 비교하며 선을 긋고, 우월하다거나 열등하다는 감정을 가지기도 하지요. 하지만 이런 편견을 가지는 것은 몹시 위험하답니다.

이제는 '우리'라는 둘레를 넓게 키워야 해요. 다름을 인정하고, 전 세계의 모든 사람을 '우리'라고 받아들여야 하지요.

앞에서 살펴본 것처럼, 별 생각 없이 한 말과 행동이 다른 사람의 인권이 침해할 수도 있어요. 이 사실을 꼭 기억하세요!

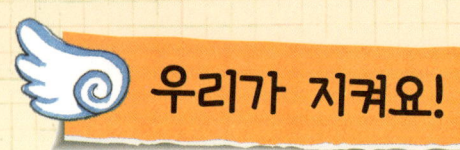 우리가 지켜요!

마음의 색안경을 벗어요

일상생활에서 우리는 흔히 '다르다'와 '틀리다'를 뒤섞어서 사용해요. 여러분은 '다르다'가 쓰여야 할 때와 '틀리다'가 쓰여야 할 때를 정확히 알고 있나요? 이번 기회에 함께 확인해 보기로 해요. 다음 빈칸을 채워 보세요.

꽃의 색깔이 (   ).

답을 (   ).

철수와 영희는 (   ).

답) (위에서부터 순서대로) 다르다, 틀리다, 다르다.

어때요, 이제 알 것 같나요? '다르다'는 어떤 것들이 서로 같지 않을 때 사용해요. 그리고 '틀리다'는 셈이나 사실 따위가 그릇되거나 어긋났을 때 사용하지요.

'다르다'와 '틀리다'의 가장 큰 차이점은 다른 것에는 정답이 없고, 틀린 것에는 정답이 있다는 거예요.

우리는 '1+1'의 정답이 '2'라는 걸 알아요. 그래서 누군가가 '1+1=3'이라고 하면 틀렸다고 말하지요. 하지만 '꽃의 색깔이 틀리다.'라는 말은 어떤가요? 이상하지요? 꽃의 색깔에 정답은 없어요. 모든 꽃은 제각각의 아름다움이 있으니까요. '철수와 영희는 틀리다.'라는 말은 더욱 이상해요. 분명 우리 모두는 서로 달라요. 하지만 그 다름이 틀린 건 아니랍니다.

우리는 때때로 다른 것을 틀렸다고 생각해요. 마음의 색안경 때문이죠. 이제 약속해요, 마음의 색안경을 벗기로요.

인권은 나의 권리이자 의무예요!

어떤 일을 하거나 누릴 수 있는 힘이나 자격을 '권리'라고 해요. 여러분에게도 권리가 있어요. 깨끗한 교실에서 수업받을 권리가 있고, 자신의 의견을 말할 수 있는 권리도 있지요. 이 밖에도 수많은 권리가 있답니다.

그런데 권리가 있으면 '의무'도 있어요. 의무란 마땅히 해야만 하는 일이지요.

만약 누군가 교실을 더럽히고 청소를 하지 않으면 어떻게 될까요? 더러운 교실에서 수업을 받아 모두가 피해를 입겠지요? 이렇게 의무를 다하지 않으면 불편한 일이 생기기 마련이랍니다.

자, 다음과 같은 권리를 누리려면 어떤 의무가 따를까요? 함께 생각해 봐요.

권리	의무
깨끗한 교실에서 수업받을 권리가 있어요!	교실을 더럽히지 않고 깨끗이 청소해야 해요!
의견을 말할 권리가 있어요!	다른 친구의 의견에 귀 기울여 줘야 해요!
사생활을 보호받을 권리가 있어요!	다른 친구의 사생활을 지켜 줘야 해요!
폭력을 당하지 않을 권리가 있어요!	다른 친구를 때리거나 괴롭히지 말아야 해요!

어때요, 권리와 의무는 바늘과 실의 관계와 같지요? 권리를 누리려면 그에 따른 의무를 반드시 지켜야 한답니다.

'인권(人權)'이란 단어를 살펴보면, '인간의 권리'라는 뜻을 가지고 있어요.

그런데 인권은 단순히 권리만이 아닌 의무이기도 해요. 인권은 모두에게 주어진 것이기 때문이지요. '나'의 인권이 소중한 만큼 다른 사람의 인권도 소중히 여겨야겠지요?

지금부터라도 인권을 누리고, 또 지켜 주기 위해 노력해야겠어요. 그런데 어떻게 하는 게 이를 실천하는 길일까요? 중국의 철학자, 공자가 한 말이 도움이 될 거에요.

"내가 하고 싶지 않은 일을 남에게 시키지 마라!"

정말 명쾌하지요? 내가 하고 싶지 않은 일은 다른 사람 역시 하기 싫을 거예요. 내가 당하기 싫은 일을 다른 사람에게 하지 마세요. 모두 약속해요!

 더 알아보기

세계 인권 선언, 함께 지켜요!

세계 인권 선언은 어떻게 만들어졌을까요? 세계 인권 선언이 만들어진 직접적인 배경에는 제2차 세계 대전이 있어요. 1939년부터 1945년까지, 오랫동안 계속된 전쟁으로 인해 수많은 사람들이 고통을 받고 인권은 무참히 짓밟혔지요.

전쟁이 끝난 뒤, 사람들은 다시는 같은 일이 생기지 않기를 바랐어요. 전쟁 없는 평화로운 세상을 꿈꿨지요. 그리하여 1948년 12월 10일, UN(국제 연합)이 세계 인권 선언을 발표했어요. 개인이 가지는 자유와 권리를 자세히 밝히면서, 인권이 모든 사람과 모든 장소에서 똑같이 적

용된다는 사실을 알렸지요.

　세계 인권 선언이 발표된 뒤, 사람들은 모두의 인권이 지켜질 거라는 행복한 꿈을 꾸었어요. 하지만 슬프게도 그 꿈을 완전하게 이루지 못했답니다. 세계 곳곳에서 인권이 짓밟히는 일이 계속 있었거든요. 이러한 비극을 겪으며 사람들은 교훈을 얻었어요.

　　"말로만 부르짖는 인권은 아무런 효과가 없다.
　　인권의 내용을 실천하기 위해 노력해야 한다."

　UN은 세계 인권 선언의 내용을 지키기 위해 많은 노력을 기울였어요. 법으로 구속할 수 없는 세계 인권 선언의 단점을 보완하려고, 1966년에는 '국제 인권 규약'을 발표했죠. 이로써 법적 구속력이 있는 규칙이 탄생했답니다.

　지금도 세계 여러 나라가 인권을 지키기 위해 끊임없이 노력을 하고 있어요. 우리나라도 2001년, '국가 인권 위원회'를 만들었지요. 국가 인권 위원회는 인권이 침해당하고 있는 곳은 없는지 살피고, 인권의 내용을 실천하기 위해 노력하는 단체랍니다.

모든 사람은 존엄하며 행복할 권리가 있어요!

옛날, 앞을 못 보는 심학규가 살았어요. 사람들은 그를 심 봉사라고 불렀지요. 심 봉사는 부인이 병에 걸려 세상을 떠난 탓에 어린 딸 심청을 홀로 키워야 했답니다.

심청이 열여섯 살 되던 해였어요. 어느 날, 심 봉사가 물에 빠지고 말았지요. 마침 지나가던 스님이 심 봉사를 구해 주고, 부처님께 쌀 삼백 석을 바치면 눈을 뜰 수 있다고 말했답니다.

심청은 아버지를 위해 쌀 삼백 석에 자신을 제물로 팔아 인당수에 몸을 던졌어요.

"풍덩!"

반짝이는 보석으로 꾸며진 화려한 용궁 한

가운데 선 심청은 얼떨떨한 표정이었어요.

"여기가 어디죠? 분명 인당수에 몸을 던졌는데……."

"여기는 용궁이고 나는 이 바다를 지키는 용왕이란다. 그런데 어쩌다 물에 빠지게 된 것이더냐?"

용왕님의 물음에 심청은 그동안의 사정을 이야기했어요.

"그렇게 아버지의 눈을 뜨게 하려고 인당수에 제물로 뛰어든 것입니다……."

"아버지를 위해 목숨을 내놓다니 대단한 효심이로구나. 하지만 그 선택이 스스로 존엄성과 행복 추구권을 포기하는 것이란 생각은 하지 못했느냐."

"네, 그게 뭔가요?"

존엄성과 행복 추구권은 심청이 태어나서 처음 들은 말이었어요.

용왕님은 심청에게 존엄성과 행복 추구권에 대해 알려 주었답니다.

심청이 들려주는
존엄성과 행복 추구권 이야기

과연 심청은 용왕님께 어떤 이야기를 들었을까요? 심청을 만나 존엄성과 행복 추구권에 대해 알아봐요.

안녕하세요, 어린이 여러분. 저는 용왕님 덕분에 목숨을 구한 심청이에요. 용왕님께서는 제 목숨을 구해 주셨을 뿐 아니라 보물까지 주셨지요.

그 보물이 뭐냐고요? 바로 모든 사람은 존엄하다는 생각이에요. 그러니까 인간은 누구나 존재 가치가 있으며, 인격을 존중받아야 한다는 거죠.

옛날에는 왕이나 귀족 같은 소수의 특권층만 존엄하고, 대부분의 사람들은 하찮은 존재라고 생각했어요. 하지만 시간이 흐르며 이런 차별적인 생각에 불만을 가진 사람들이 생겨났답니다.

1688년에 영국에서 명예혁명*이 일어나고, 1789년에 프랑스에서 시민 혁명**이 일어났어요. 이로써 차츰 모든 사람이 자유롭고 평등해야 한다는 생각이 싹트기 시작했지요.

---

*명예혁명 1688년에 영국에서 일어난 혁명이에요. 왕이 마음대로 하던 전제 정치에서 벗어나, 법에 따라 국가를 다스리는 입헌 군주제로 바꾸는 데 성공했지요. 혁명의 과정이 평화롭게 진행되었다고 해서 '명예혁명'이라 불려요.

**프랑스 시민 혁명 1789년부터 1799년까지, 프랑스의 시민 계급이 절대적인 권력을 누리던 왕과 귀족에 맞서 싸운 혁명이에요. 이 혁명으로 왕조가 무너지고 프랑스의 사회·정치·사법·종교 구조가 크게 바뀌었지요.

우리나라에서도 1894년 동학 농민 운동이 일어나, '사람이 곧 하늘이니, 우리 모두는 고귀한 존재다.'라는 인내천 사상이 퍼져 나갔어요. 이러한 생각이 씨앗이 되어 국민이 권력을 스스로 행사하는 민주주의가 탄생한 거지요.

그런데 사람은 언제부터 존엄성을 가질까요? 그래요, 태어나는 그 순간부터 자연스럽게 존엄성을 가져요.

모든 사람이 존엄성을 가지고 태어나지만 그 존엄성이 저절로 지켜지는 것은 아니랍니다. 존엄성을 지키기 위해서는 스스로 노력해야 하지요.

현대에는 한 걸음 더 나아가 인간으로서 행복한 삶을 바라게 되었어요. 이렇게 행복을 좇을 권리를 행복 추구권이라고 해요.

참! 행복을 추구할 때도 꼭 지켜야 할 게 있어요. 다른 사람의 존엄성과 행복을 해치지 않는 범위 안에서 자신의 행복을 좇아야 한다는 것이죠.

용왕님께서는 존엄성과 행복 추구권에 대해 알려 주시고는 절 꾸짖으셨어요. 쌀 삼백 석에 목숨을 바친 행동은, 스스로 존엄성을 포기한 큰 잘못이라고요.

또 만약 아버지가 눈을 뜨신다고 해도 딸을 잃은 슬픔에 잠기실 거라 덧붙이셨죠. 저는 잘못을 깨닫고 한참을 울었답니다.

용왕님의 도움으로 저는 육지로 돌아와 새 삶을 얻었어요. 아버지와 다시 만났고, 아버지가 눈을 뜨는 행복도 누렸지요.

이제, 저는 존엄성을 지키며 행복을 찾기 위해 열심히 노력할 거예요. 여러분도 스스로의 존엄성을 지키며 행복해지길 바라요. 꼭이요!

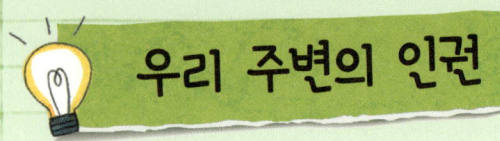
우리 주변의 인권

우리나라 헌법 10조는 인간의 존엄성과 기본적 인권 보장에 대해 이야기하고 있어요. 여러분은 헌법 10조의 내용을 알고 있나요? 모르는 친구가 많을 것 같은데요, 함께 알아봐요.

> 모든 국민은 인간으로서의 존엄과 가치를 가지며, 행복을 추구할 권리를 가진다.
> 국가는 개인이 가지는 불가침의 기본적 인권을 확인하고 이를 보장할 의무를 진다.

처음 보는 단어가 많아 뜻을 이해하기 어렵지요? 이것은 곧 대한민국 국민이라면 누구나 존엄성과 행복 추구권을 가지고, 국가는 이 권리를 지킬 수 있도록 보호해 주어야 한다는 뜻이랍니다.

그러니까 인간으로서 존엄성을 유지하며 행복을 누리는 일은, 헌법으로 정해 놓을 정도로 매우 중요한 것이지요. 그런데도 인간으로서의 존엄과 가치, 그리고 행복 추구권을 침해하는 경우가 종종 벌어지고 있답니다.

이번에는 존엄성을 침해하는 몇 가지 사례를 살펴보고 무엇이 문제인지 생각해 보기로 해요.

상상일보　　　　　　　　　　　　　　20××년 ×월 ×일

갑의 횡포, 존엄성은 어디로?

대한민국이 이른바 '갑질'로 멍들고 있다. 최근, 힘을 가진 '갑'이 약자인 '을'에게 횡포를 부리는 일이 잦아졌다.

사장이 직원을 하인 부리듯 대하고, 손님이 점원을 무릎 꿇리고, 교수가 학생을 무시하고 폭언을 퍼붓기까지 한다. 이 때문에 '갑질'이라는 신조어가 탄생했다.

원래 '갑'과 '을'은 두 개 이상의 사물이 있을 때 그중 하나를 대신하여 부르는 말이었다. 하지만 요즘에 와서 '갑'과 '을'은 인간관계에서 지위가 높은 쪽과 낮은 쪽을 뜻하게 되었다. 대체 언제부터 그 뜻이 변하게 된 것일까?

그 시작이 어찌 되었던 간에, 현재 '갑'의 횡포가 우리 사회를 힘들게 하고 있는 것은 분명해 보인다.

'갑'의 횡포를 어떻게 해야 없앨 수 있을까요? 그 시작은 바로 인간은 모두 존엄하다는 것을 깨닫는 것부터예요. 내 앞에 있는 사람이 마땅히 존중받아야 할 존재라는 사실을 알면 함부로 '갑질'을 할 수 없을 테니까요.

여러 사람 앞에서 비난이나 조롱을 받는다고 생각해 보세요. 존엄성에 상처를 입겠지요? 특히나 요즘은 인터넷과 SNS(소셜 네트워크 서비스)의 발달로 잘못된 소문이 쉽게 퍼지곤 해요. 한번 퍼진 소문은 없애기도 힘들고 말이에요. 이렇게 재미로 하는 행동이, 누군가의 존엄성을 훼손할 수 있다는 사실을 기억하세요.

> 수업 시간은 좋아요. 모두 조용하니까요. 쉬는 시간은 싫어요. 나만 빼고 모두가 신이 나서 떠드니까요. 나는 투명 인간이거든요.
> 언제부터 투명 인간이 되었는지는 정확히 기억나지 않아요. 처음에는 한두 명만 날 보지 못했어요. 지금은 우리 반 모두가 날 보지 못해요. 이러다가 선생님도 부모님도 날 보지 못하면 어쩌죠?
> 사실 그것보다 더 무서운 게 있어요. 가끔 진짜로 세상에서 사라져 버리고 싶다는 생각이 들거든요. 내가 이런 끔찍한 생각을 하게 되다니……, 어떻게 하면 좋을지 모르겠어요.

일명 '왕따'로 불리는 학교 내 집단 따돌림은 오랫동안 심각한 사회 문제로 여겨지고 있어요. 한번 왕따로 낙인찍히면 많은 친구들에게 일방적으로 괴롭힘을 당하지요. 이렇게 정신적·신체적으로 피해를 입으면, 그 기억이 지워지지 않아 평생을 괴로워하며 살 수도 있어요. 심할 경우, 치료를 받아야 하기도 하고요.

우리 모두 인간의 존엄성과 가치가 얼마나 중요한지 마음에 새겨요. 그러면 더 이상 왕따 문제로 상처받는 사람이 생기지 않을 거예요.

우리가 지켜요!

친구들과 토론해 봐요!

인간이 존엄하다는 것은 무슨 뜻일까요? 그래요, 인간은 누구나 존재 가치가 있으며 그 인격을 존중받아야 한다는 뜻이에요.

인권 의식이 성장하며 인간 존엄성이 강조되고 있어요. 그러면서 사형 제도에 대한 논란이 끊이지 않고 있지요.

우리나라에는 사형 제도가 있어요. 하지만 1997년 12월 30일 이후로 사형 집행이 이루어지지 않고 있답니다. 이에, 국제 앰네스티*는 우리나라를 실질적 사형 폐지국으로 보고 있지요. 인간은 누구나 존엄해요. 따라서 법의 이름으로 인간의 존엄성, 즉 생명을 뺏을 수 없다는 것이 사형 제도 폐지를 외치는 이들의 주장이지요.

그런데 한편에서는 사형 제도를 부활시켜야 한다고 주장해요. 범죄의 희생양이 될 수 있는 사람들의 생명과 안전을 우선으로 두어야 한다고요. 여러분의 생각은 어떤가요?

---

*국제 앰네스티(국제 사면 위원회) 인권을 지키기 위해 만들어진 민간단체예요. 국가 권력에 의해 부당하게 갇힌 사람들을 풀어 주기 위한 목적으로 1961년에 세워졌지요. 사형 제도 폐지·위안부 정의 회복·이주 노동자 권리 등을 위한 다양한 운동을 벌이고 있답니다. 1977년에는 노벨 평화상을 받기도 했어요.

조금 어려운가요? 그렇다면 이렇게 생각해 볼까요? 이 세상에 무시무시한 전염병이 퍼졌어요. 만약 여러분에게 전염병을 치료할 약이 딱 한 알 있다면요, 이 약을 만들어 낼 수 있는 과학자와 살날이 얼마 남지 않은 노인 중 누구에게 줄 것인가요?

앞에서 말한 두 질문이 묻는 건 하나예요. 바로,

"인간의 존엄과 가치는 다를 수 있는가."

지금까지 수많은 사람들이 이 문제에 대한 의견을 내놓았지만 정답이라고 할 수 있는 건 나오지 않았어요.

여러분도 친구들과 함께 토론을 해 봐요. 이런 문제들을 생각해 보고 이야기를 나누는 것만으로도 여러분의 인권 의식은 쑥쑥 자랄 거예요.

무엇을 할 때 가장 행복한지 생각해 봐요!

심청은 우리에게 존엄성과 행복 추구권에 대해 알려 주었어요. 앞에서 존엄성에 대해 생각해 보았으니, 이번에는 어떻게 하면 모두가 행복을 누릴 수 있을지 생각해 볼까요?

어떤 사람은 친구들과 왁자지껄 떠들며 신나게 놀 때 가장 행복하고, 어떤 사람은 혼자 조용히 책 읽을 때 가장 행복해요. 또 어떤 사람은 아무것도 하지 않고 잠을 잘 때가 가장 행복할 수 있어요.

그런데 생각해 보세요. 책 읽는 것을 좋아하는 사람에게 축구를 시키면 좋아할까요? 단잠에 빠져 있는 사람을 깨워 책을 읽어 주면 오히려 싫어하지 않을까요?

이처럼 행복을 느끼는 방법엔 정답이 없어요. 그렇기 때문에 자신의 잣대를 가지고 다른 사람의 행복을 판단해서는 안 돼요. 행복의 모습은 저마다 다를 수 있다는 사실을 이해해야 해요. 그것이야말로 모든 사람이 행복해질 수 있는 길이랍니다.

여러분은 무엇을 할 때 가장 행복한가요? 의외로, 이 물음에 망설임 없이 대답할 수 있는 친구는 많지 않을걸요? 지금 이 순간, 한번 생각해 보세요.

"내가 가장 행복할 때는 언제지?"

여러분이 무엇을 할 때 행복한지 알고, 그 행복을 이루었으면 해요. 행복을 이룰 권리를 누려요!

차라리? 그래도? 존엄사

환자가 더 이상 회복할 가능성이 없을 때, 단지 생명을 유지하기 위해 이루어지는 치료 행위를 멈추고 인간으로서의 품위를 지키면서 죽을 수 있게 하는 것을 존엄사라고 해요. 의사는 환자의 동의 없이 치료 행위를 할 수 없다는 것이지요.

멀지 않은 과거만 해도 존엄사를 살인과 같은 행위라 여겼어요. 하지만 오늘날에는 여러 나라가 존엄사를 법으로 인정하고 있답니다. 우리나라도 2009년에 존엄사를 인정하는 판결을 내린 적이 있고요. 이렇게 존엄사에 대한 생각이 변한 이유가 무엇일까요?

    과거에는 사람들의 평균 수명이 지금보다 낮았다고 해요. 조선 시대 평균 수명은 약 35세였지요. 이때는 생명을 유지하는 것을 최고의 복이라 생각했어요.

    현재는 의학 기술의 발달로 평균 수명이 80세로 높아졌어요. 곧 100세 시대가 온다고도 하지요. 이런 변화로 인해, 오래 사는 것만큼 인간으로서 품위를 지키며 죽는 것 역시 중요하다고 생각한 거예요.

    물론 존엄사가 무조건 옳은 것이라고 결론 내릴 수는 없어요. 인간 생명의 존엄성과 관계된 일이니까요. 해결해야 할 문제점도 많고요. 하지만 시대의 변화에 따라 인간의 존엄성을 지키는 방법이 달라질 수도 있다는 점을 알아야 해요.

    '인간의 존엄성을 지키기 위해서는 꼭 이렇게 해야만 해.'

    이러한 틀에 박힌 생각이 오히려 인간의 존엄성을 훼손할 수도 있답니다.

자유의 소중함을 깨달았어요!

　화과산은 온갖 꽃과 과일이 자라는 이름난 산이에요.
　어느 날, 화과산 꼭대기에 있는 바위가 갈라지며 손오공이 태어났지요. 손오공은 도술로 말썽을 일으키고 다녔답니다.
　옥황상제도 어찌지 못한 손오공이 결국 임자를 만났어요. 부처님과 도술 대결에서 져 붙잡히고 만 거예요. 그야말로 부처님 손바닥 위에 놓인 처지였지만, 손오공은 당황하지 않았어요. 믿는 구석이 있었거든요.
　"흥, 날 죽일 수 없을걸? 하늘에서 자라는 복숭아를 몇 개나 먹었는데! 늙지도 않고 죽지도 않을 거라고!"

손오공은 고래고래 소리를 질렀어요. 그 말에 부처님은 인자한 미소를 지으며 말했답니다.

"그래, 나 역시 살생을 원치 않는단다. 하지만 너로 인해 고통받은 사람들을 생각해서라도 그냥 넘어갈 수는 없다. 죄에 대한 벌을 받아야 한다."

부처님이 주문을 외자 무언가 손오공의 어깨를 누르기 시작했어요.

세상에 이럴 수가! 손오공은 피할 새도 없이 산 아래 깔리고 말았지요.

"여기서 네가 무슨 잘못을 했는지 생각해 보거라. 네가 진심으로 뉘우쳤을 때 다시 자유를 주마."

그 말을 끝으로 부처님은 스르르 사라졌어요.

'흥, 그냥 시간이나 때우지 뭐.'

그건 손오공의 큰 착각이었어요. 자유가 없는 게 얼마나 큰 고통인지 몰랐던 거죠.

손오공이 들려주는
자유권 이야기

손오공은 무려 500년 동안이나 산 아래 깔려 있었어요. 그사이 손오공에게 간절한 소원 하나가 생겼다고 하네요. 대체 어떤 소원일까요?

뭐야? 너희들은. 왜 그렇게 멀뚱멀뚱하게 쳐다봐? 내가 무슨 동물원 원숭이인 줄 알아? 난 손오공님이라고! 잠깐! 그래도 가지는 마. 이렇게 사람이 찾아온 건 무척 오랜만이니까. 이것도 인연이니 내 얘기 좀 들어 줘. 여기 갇히고 나서 깨달은 게 있거든.

사람한테 가장 중요한 게 뭐겠어? 아무리 생각해도 생명이잖아. 내가 도술을 배운 것도 영원히 살고 싶어서였거든. 그런데 도술을 부려서 조사해 보니 놀라웠어. 자유를 지키기 위해 기꺼이 목숨을 바친 사람이 많이 있더라고.

한반도에 침략한 일제를 몰아내기 위해 목숨을 바친 수많은 독립운동가들을 봐. '자유가 아니면 죽음을 달라!'라는 말을 그대로 실천한 게 아니겠어? 그런데 자유란 무엇일까?

자유란 무엇에 얽매이지 않고 자기 마음대로 할 수 있는 것을 말한대. 그런데 이걸로 자유를 설명하기에는 조금 부족해 보였어. 그래서 더 찾아보았지.

로마 시대에는 노예를 '자신의 운명을 스스로 결정할 권리가 없는

자'라고 불렀어. 노예는 주인이 시키는 대로 해야 하잖아? 자유가 없는 거지. 그렇다면 자유란 자신의 운명을 스스로 결정할 권리를 말하는 게 아닐까?

운명을 결정할 권리가 있다니, 정말 멋지지? 그런데 자유에는 반드시 책임이 따라. 나를 봐. 마음대로 사고만 치고 다니다 이렇게 산 밑에 깔려 있잖아.

과거에는 국가가 개인의 신체 활동을 제한하고 구속했어. 국가가 명령한 대로 움직여야 했다고. 사람들은 이러한 간섭과 강요에서 벗어나기 위해 싸웠지. 그러니까 신체의 자유를 얻은 과정은, 바로 인권의 역사라 할 수 있어.

그런데 신체의 자유만 있으면 자유로운 걸까? 어디에 살 것인가(주거의 자유), 어디로 갈 것인가(이동의 자유), 무슨 직업을 선택할 것인가(직업 선택의 자유), 일상생활을 어떻게 할 것인가(사생활의 자유) 등 사회적·경제적 활동을 개인이 자유롭게 선택할 수 있어야 해.

어디 그뿐인가? 양심에 따라 행동할 수 있어야 하고(양심의 자유), 원하는 종교를 믿을 수 있어야 하고(종교의 자유), 생각을 마음껏 표현할 수 있어야 하는(표현의 자유) 등 정신적 활동도 자유롭게 할 수 있어야 하지.

자유롭다는 것은 남에게 간섭과 강요를 당하지 않고, 또한 자신이 원하는 방향대로 살아갈 수 있는 것을 말해. 사실 나는 예전에 자유가 소중한지 몰랐어. 그런데 이제는 그 어떤 것보다 자유가 간절해. 어서 부처님이 날 용서하셨으면 좋겠어. 난 예전과 달라. 올바른 방향으로 내 운명을 결정할 수 있다고!

우리 주변의 인권

독일의 철학자 헤겔은 "역사는 모든 사람의 정신이 완전한 자유를 누리는 세상을 향해 나아가는 과정이다."라고 말했어요. 인간은 늘 자유를 얻기 위해 노력했지요. 그런데 인간이 자유를 가질 수 없도록 막은 건 누구일까요? 놀랍게도 그건 국가였어요.

과거에는 국가를 거대한 몸으로 보았어요. 왕과 권력층은 스스로를 자유롭게 생각하고 명령을 내리는 머리로, 그리고 대부분의 국민들을 손발로 여겼지요. 그래서 머리의 명령대로 손발이 따라야만 국가가 발전할 수 있다며 국민들의 자유를 억눌렀어요.

안타까운 사실은, 이런 상황에 대해 대부분 아무런 불만도 가지지 않았다는 거예요. 한 번도 자유를 가져 본 적이 없었으니, 자유가 무엇인지 알지 못했던 거죠. 그렇게 국가의 권력층은 국민들의 눈과 귀를 막고 자신들이 원하는 대로 나라를 쥐락펴락했어요.

하지만 시간이 흐르며 사람들은 자유가 무엇인지, 그리고 자유가 얼마나 소중한 것인지를 알게 되었어요. 그러면서 빼앗긴 자유를 되찾기 위해 싸우기 시작했죠.

『톰 아저씨의 오두막』은 그 당시 흑인 노예의 비참한 생활을 그려, 자유에 대해 다시금 생각해 보게 하는 작품이에요. 책의 주인공, 톰 아저씨를 만나 볼까요?

- 안녕하세요, 톰 아저씨.
- 만나서 반가워요, 여러분. 『톰 아저씨의 오두막』은 미국의 작가 해리엇 비처 스토가 1852년에 발표한 작품이에요. 수많은 사람들이 이 책을 통해 저와 만났지요.

- 『톰 아저씨의 오두막』의 내용이 궁금해요.
- 지금은 상상도 할 수 없지만, 과거 미국에서는 백인이 흑인을 노예로 삼고 마음대로 부렸어요. 저도 여러 주인을 섬겼지요. 그중에는 착한 주인도 있었고, 못된 주인도 있었어요. 하지만 아무리 착한 주인이라 해도 절 돈으로 사고팔 수 있는 노예로 생각한 건 변함이 없어요. 결국 저는 평생 노예로 일하다 낡은 오두막에서 숨을 거두고 말아요.

🎩 이렇게 듣기만 했는데도 정말 안타깝네요.

👦 하지만 전 행복하답니다. 『톰 아저씨의 오두막』을 읽은 많은 사람들이 신체의 자유를 빼앗기고 노예로 산다는 것이 얼마나 비인간적인 일인지 깨닫게 되었거든요. 그래서 자신의 노예에게 자유를 주고, 더 나아가 모든 노예를 해방시켜야 한다고 주장하기 시작했지요.

🎩 맞아요, 『톰 아저씨의 오두막』 때문에 미국 남북 전쟁이 일어났다고요. 노예 제도의 폐지를 놓고 싸운 전쟁 말이에요.

👦 하하, 그건 조금 과장된 이야기 같아요. 하지만 영향을 준 것은 분명하지요.

🎩 벌써 헤어질 시간이네요. 마지막으로 하고 싶은 이야기가 있다면요?

👦 여러분, 불과 백 년 전만 해도 마음대로 걷고 달리고 움직일 수 있는 자유는 선택받은 일부에게만 주어진 것이었어요. 지금 여러분이 얼마나 소중한 것을 가지고 있는지 잊지 마세요. 그리고 자유를 절대 빼앗기지 마세요.

그래요, 톰 아저씨의 말처럼 자유는 무척 소중한 거예요. 오늘날, 사람을 노예로 부리는 것은 범죄로 여겨지고 있어요. 그렇다고 노예 제도가 완전히 사라진 것은 아니에요. 아직도 사회 곳곳에, 남의 지배를 받으며 생활하는 사람들이 많거든요.

자신의 생각과 행동을 간섭받는 것 역시 자유롭지 못한 거예요. 프랑코가 에스파냐를 다스릴 때의 일이에요. 한 신문사에서 프랑코 독재* 정권을 비판하는 기사를 썼지요. 이를 알게 된 정부는 신문사에 찾아가 그 기사를 싣지 못하게 했어요. 결국, 신문사는 기사가 없는 백지 신문을 낼 수밖에 없었지요. 말도 안 되는 일이라고요? 역사를 살펴보면 이런 경우를 종종 발견할 수 있어요. 우리나라도 군사 독재 시절에 언론을 통제했는걸요? 정부의 마음에 들지 않는 내용은 없애고 심지어 기사를 쓴 기자를 체포하기도 했지요.

그런데 대체 왜 독재자들은 언론을 통제하려 했을까요? 바로 언론을 두려워했기 때문이에요. 언론이 기사를 통해 정부를 비판하면, 국민이 정부의 잘못된 점을 알고 들고일어날 테니까요.

하지만 다행히 지금까지 완전한 독재가 이루어진 경우는 거의 없어요. 누구도 자신의 생각을 자유롭게 표현하려는 사람들의 마음을 꺾을 수는 없었던 것이지요.

특히 오늘날에는 인터넷 같은 정보 통신 기술의 발달로, 언제 어디서든 자신이 보고 들은 것을 자유롭게 공유할 수 있어요. 개개인이 언론의 역할을 할 수 있게 되었지요. 이걸 '1인 미디어'라고 해요.

2011년, 시리아에서 독재자 카다피에 반대하는 사람들이 모여 민주화 시위를 벌였을 때도 1인 미디어의 역할이 컸다고 해요. 뉴스나 신문 기사가 정부의 통제를 받고 진실을 말하지 못할 때, 사람들이 인터넷에 시위에 대한 영상과 글을 올렸거든요.

어때요, 대단하지요? 이렇게 자유는 끝없는 노력을 바탕으로 이루어져요.

---
*독재 한 사람이나 무리가 권력을 잡고 나랏일을 마음대로 하는 것을 말해요.

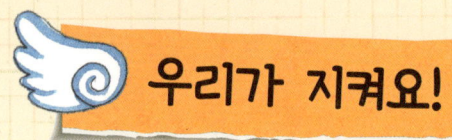

기자를 구해 주세요!

한 기자가 쓴 기사가 높은 자리에 있는 누군가를 화나게 했어요. 기사가 발표된 다음 날, 정체 모를 사람들이 찾아와 기자를 잡아갔지요. 기자는 흠씬 두들겨 맞은 뒤 갇히고 말았어요.

이 사실을 알고 있는 건 여러분뿐이에요. 그런데 경찰은 여러분의 말을 믿어 주지 않아요. 이런 상황에서, 여러분이 기자를 구하기 위해 어떤 일을 할 수 있을까요?

국민에게는 알 권리가 있고, 기자 그러니까 언론은 표현의 자유를 가져요. 이 같은 경우는 표현의 자유를 침해당한 것이죠. 이렇게 누군

가에 의해 표현의 자유를 침해받을 때, 우리가 할 수 있는 일에는 무엇이 있을까요?

먼저 시민 단체에 연락을 해 볼까요? 시민 단체란 공공의 이익을 위해 시민들이 자발적으로 모여서 만든 단체를 말해요. 그중에는 자유를 지키기 위해 노력하는 단체도 있죠. 이런 시민 단체에 연락하면 도움을 받을 수 있어요.

언론에 제보하는 것도 좋은 방법이에요. 언론은 사회에서 벌어지는 문제를 많은 사람들에게 알려, 문제를 해결하게 이끌어 주거든요.

또 1인 시위를 벌일 수도 있어요. '시위'라고 하면 부정적인 생각을 가지는 친구도 있는데, 사실 시위는 자신의 의견이나 사회에 바라는 점을 적극적으로 알리는 행위랍니다.

외국에서는, 휴일이 되면 사람들이 공원의 단상에 올라가 자신이 생각하는 바를 자유롭게 이야기하곤 해요. 이것 역시 시위의 한 방법이지요.

표현의 자유를 행사하다 갇힌 기자를 구하기 위한 방법에는 또 어떤 것들이 있을까요? 곰곰이 생각해 보세요.

자유? 무질서?

정말로 완전한 자유를 누리는 방법이 무엇인 줄 아나요? 바로 『로빈슨 크루소』의 주인공처럼 무인도에서 홀로 사는 거예요. 혼자 있다면 무엇을 하더라도 누구도 간섭하지 않을 테니까요.

하지만 그게 얼마나 힘들고 외로운 일인지는 굳이 해 보지 않아도 알 수 있겠죠? 그래서 사람들은 사회를 이루며 살아요. 그리고 사회를 유지하기 위해 규칙을 만들었죠.

왼쪽 그림 속 상황을 보세요. 마음대로 뛰놀고 노래 부르고 새치기하며 자유를 외치는 사람들의 모습이 어떻게 보이나요? 저절로 눈살을 찌푸리게 되지요? 왜 그런 것일까요? 바로 자신의 자유만 주장하고 다른 사람의 자유는 무시하기 때문이에요.

자유를 내 마음대로 하는 것이라 생각할 수 있어요. 때로는 규칙을 안 지키고 제멋대로 굴기도 하지요. 그런데 규칙이 있는 이유는 모든 사람들의 자유를 보장하기 위해서예요. 그러니 '자유'와 '무질서'를 헷갈리지 말아야 해요. 나의 자유를 위해서 다른 사람의 자유도 지켜 주기로, 꼭 그러기로 약속해요.

 더 알아보기

어린이의 자유에는 제한이 따른다?!

누구에게나 자유를 누릴 권리가 있어요. 어린이 역시 무엇에 얽매이지 않고 행동할 수 있어야 하지요.

그런데 부모님과 선생님이 "안 돼, 하지 마!"라며 간섭한다고요? 어린이에게는 어른보다 적은 자유가 허락돼 억울하다고요?

마음껏 뛰놀고 싶은데 부모님께 붙잡혀 억지로 공부한 경험, 또는 복도에서 뛰다가 선생님께 혼난 경험이 한 번쯤 있을 거예요. 부모님과 선생님은 왜 이렇게 여러분의 자유를 제한하는 것일까요?

한번 생각해 보세요. 만약 뜨거운 물이 가득 들어 있는 주전자를 아

기가 만지려 한다면 여러분은 어떻게 할 건가요? 아기의 자유로운 행동이니 가만히 지켜볼 것인가요? 아니죠, 어떻게든 주전자에서 아기를 멀리 떼어 놓을 거예요.

뜨거운 물이 무엇인지 모르는 아기가 위험해지는 걸 막기 위해 자유를 제한하는 것, 이것이 바로 '보호'랍니다.

부모님과 선생님은 여러분을 보호하기 위해, 어쩔 수 없이 자유를 제한하는 것이에요.

어린이는 보호받을 권리가 있으며, 어른은 어린이를 보호할 의무와 책임이 있으니까요. 그러니 여러분도 "내 마음대로 하게 내버려 두세요. 어린이에게도 자유가 있다고요!"라고만 할 것이 아니라, 부모님과 선생님의 마음을 헤아려 보세요. 분명 여러분을 사랑하는 마음에서 자유를 제한하는 것일 테니까요.

세상에 평등사상을 뿌리내릴 활빈당을 모집합니다!

　길동은 양반인 홍 판서와 계집종 사이에서 태어났어요. 매우 슬기롭고 재주가 뛰어난 데다 도술도 부릴 수 있었지요. 하지만 어머니의 신분이 낮았기 때문에 온갖 차별을 받았어요. 아버지를 아버지라 부르지 못하고 과거 시험도 볼 수 없었답니다. 결국 길동은 집을 나와 넓은 세상으로 향했지요. 그런데…….
"목숨이 아깝거든 가지고 있는 물건일랑 다 내어놓아라!"
　그만 산적들과 맞닥뜨리고 말았어요. 그런데 이 산적들, 아무래도 실수한 것 같아요.
　잠시 뒤, 산적들은 밧줄에 묶인 채 모두 무릎을 꿇어야 했어요.

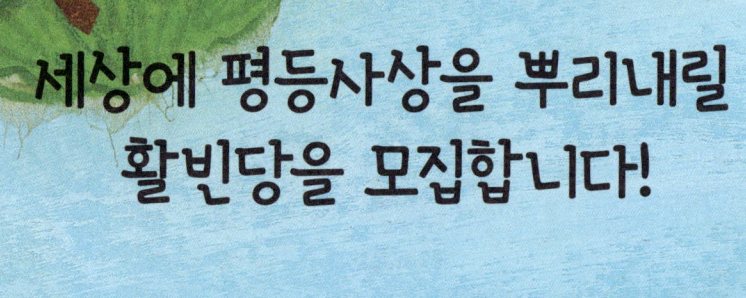

"어째서 산적질을 하는 것이냐!"

"그게 말입니다……."

사실 이 산적들은 얼마 전까지만 해도 평범한 백성이었어요. 그런데 신분이 낮다는 이유로 양반들에게 몹시 시달렸지요. 양반들은 한 해 동안 열심히 농사지은 곡식까지 빼앗았어요.

"굶어 죽느니 차라리 산적이 되어 배부르게 죽는 편이 낫다고 생각했지요……."

길동은 산적들을 풀어 주고 이렇게 말했어요.

"나는 가난한 자들을 구하고 모두가 평등한 세상을 만들기 위해 노력할 것이다. 나와 함께하겠는가?"

그것이야 말로 산적들이 가장 원하는 세상이었죠.

이렇게 나쁜 짓을 일삼는 양반을 벌주고 가난한 백성을 돕는 활빈당이 탄생했어요.

홍길동이 들려주는
평등권 이야기

홍길동이 현대에 와서 새로운 활빈당원을 모집하고 있다고 해요. 무슨 이야기를 하는지 들어 볼까요?

  오늘 이 자리에 모여 주셔서 고맙습니다. 특히 어린이 여러분이 많아서 기쁘네요. 활빈당의 미래가 밝습니다. 제가 이렇게 도술을 써서 21세기로 온 이유는, 새로운 활빈당을 만들기 위해서입니다. 아, 너무 겁먹진 말아요. 옛날처럼 칼을 들고 싸울 필요는 없으니까요.
  그렇다면 새로운 활빈당원의 임무는 무엇이냐, 바로 이 세상에 평등사상을 뿌리내리게 하는 것입니다.
  저는 어렸을 적 서자*라는 이유로 차별을 받았습니다. 그래서 모두가 평등한 세상을 만들겠다는 꿈을 품고 집을 나왔지요.
  도술로 시간과 공간을 뛰어넘으며 보고 느낀 건 언제 어느 때건 세상에는 늘 차별이 존재한다는 슬픈 사실이었습니다. 성별이 달라서, 피부색이 달라서, 종교가 달라서, 이러한 여러 이유로 차별이 존재했지요. 하지만 그 가운데서도 평등을 이루기 위해 싸우는 사람들을 보며 희망을 꿈꾸었습니다.
  오늘날, 대부분의 국가가 민주주의를 받아들였습니다. 모든 국민이

---
*서자 아내가 아닌 다른 여자한테서 태어난 아들을 말해요.

나라의 주인이라고 이야기하는 민주주의야말로, 평등사상이 만들어 낸 가장 위대한 발명품이 아닐까요? 이를 잘 보여 주는 게 선거입니다. 과거에는 왕이 나라의 주인이었지만, 지금은 국민들이 선거를 통해 대통령을 뽑지 않습니까? 별거 아니라고요? 이를 얻기 위해 수많은 사람들이 피를 흘린 것을 생각해 보세요.

그런데 이렇게 평등이 자리 잡은 현대까지 와서 활빈당을 만들려 하는 이유가 뭐냐고요? 그건 바로 새로운 평등사상이 필요하기 때문입니다. 과거에는 대부분의 사람들이 차별을 받았기 때문에, 모두가 평등해지는 게 중요했습니다. 이를 '절대적 평등'이라고 하죠. 이 절대적 평등에서 가장 중요한 것은 '기회의 평등'입니다. 쉽게 말해 서자여도 과거를 볼 수 있는 기회를, 여자여도 정치에 참여할 수 있는 기회를, 흑인이어도 자유롭게 살 수 있는 기회를 열어 주는 것이죠.

그런데 모두가 평등해진 현대에 와서 보니, 절대적 평등이 오히려 불평등을 가져오기도 했습니다. 생각해 보세요. 장애인과 비장애인이 같은 출발선에서 달리기를 한다면 어떻게 되겠습니까?

사람들은 모든 이가 만족할 만한 결과를 얻는 방법이 없을까 생각하기 시작했습니다. 이것이 '기회의 균등'을 강조하는 '상대적 평등'입니다. 차이를 고려해 평등한 상태에서 경쟁할 수 있도록 최소한의 기회를 보장하는 것이지요. 장애인 우대 정책 같은 제도가 그 예입니다.

과거의 활빈당은 모두가 평등한 기회를 가지는 세상을 만들기 위해 싸웠습니다. 21세기의 활빈당은 모두에게 최선의 결과가 돌아갈 수 있는 세상을 만들어야 합니다. 이런 마음만 있다면 누구나 활빈당원이 될 수 있지요. 여러분도 저와 뜻을 같이하겠습니까?

우리 주변의 인권

인간으로서의 가치는 절대 변하지 않아요. 따라서 우리 모두는 어떠한 환경에서도 차별받지 않아야 하지요. 만약 차별 대우를 받는다면 어떻게 해야 할까요? 그래요, 차별 대우를 받지 않도록 요구해야 해요. 모든 사람이 평등하며 또한 차별받지 않을 권리, 이것이 평등권이랍니다.

그러나 평등권이 무조건적인 평등을 뜻하는 것은 아니에요. 모든 사람은 저마다 다르니까요. '모두 똑같이'가 아니라 서로 다른 것을 인정하고 기회를 공정하게 주자는 것이지요. 다시 말해, 가능한 차별을 최소화하는 것이라 할 수 있어요. 이를 다른 말로 '평등의 최적화'라고 해요.

자, 이제 세상에서 평등이 사라지면 어떤 일이 생길지 생각해 보기로 해요.

나잘난 기업에서 새로운 인재를 모집합니다!

30년의 역사를 자랑하는 나잘난 기업에서
새로운 인재를 모집합니다.

지원 자격은 아래와 같습니다.

- 나잘난 기업에 어울리는 잘난 외모를 가지신 분(증명사진 필수)!
- 나잘난 기업에 어울리는 큰 키를 가지신 분(신체검사서 제출)!
- 나잘난 기업의 회장님이 태어난 ○○시 출생자(출생 신고서 지참).

많은 인재들의 참여를 바랍니다.

외모나 키, 출신 지역과 같이 스스로 선택할 수 없는 것들이 있어요. 본인이 선택할 수 없는 조건 때문에 차별을 당한다면 얼마나 억울하겠어요?

그런데 나잘난 기업의 취업 공고문은 이 모든 것을 어기고 있어요. 게다가 그것을 확인하기 위해 증명사진이나 신체검사서, 출생 신고서 같은 문서까지 내라고 하고요.

인권 선진국의 경우, 지원서에 증명사진을 붙이지도 않고, 신체 조건·종교·취미·특기 등을 쓰는 칸도 없대요. 만약 이런 것들을 제출하라고 하는 기업은 처벌받을 수도 있지요. 능력 외의 것으로 그 사람을 판단하고 차별하는 것이기 때문이에요.

최근 우리나라 국가 인권 위원회도 신체 조건·가족 사항 등을 지원

서에서 빼라는 개선안을 내놓았어요.

이렇게 평등한 기준에서 평가받을 수 있는 방법을 계속 고민해야 할 거예요.

사회뿐 아니라 학교에서도  차별이 벌어지곤 해요. 대표적인 예가 성적으로 인한 차별이지요.

얼마 전 한 초등학교에서는 성적순으로 급식을 먼저 먹게 한 사실이 알려져 우리 사회에 큰 충격을 주었어요.

물론 학생의 본분은 공부를 열심히 하는 거예요. 하지만 성적이 좋고 나쁘고를 가지고 차별해서는 안 돼요. 이것 역시 평등권을 침해하는 일이지요.

모든 사람은 그 어떤 이유로도 차별받지 않아야 한답니다. 누군가 차별을 한다면 이렇게 외치세요.

"모든 사람은 평등하므로 차별받지 않을 권리가 있어요!"

우리가 지켜요!

불평등을 고쳐요!

모두가 평등한 세상을 이루기 위해서는 어떻게 해야 할까요? 먼저 다음 그림을 살펴보기로 해요.

혹시 다쳐서 깁스나 목발을 한 적이 있나요? 움직이기가 매우 불편했을 거예요. 평소에 1분이면 갈 거리를 한참 돌아갔을지도 몰라요. 높은 계단 같은 장애물 따위에 걸려서 말이에요.

세상에는 건강한 사람만 있는 게 아니에요. 몸이 불편한 장애인도 있지요. 이런 사람들이 단지 몸이 불편하다는 이유로 자유롭게 돌아다닐 수 없다면요? 이것 역시 불평등한 일이 아닐까요?

우리는 이러한 불평등을 고쳐야 해요. 몸이 불편한 장애인들을 위한 교통 시설을 만들고 거리를 정비해 달라고 건의할 수 있지요. 직접 손을 내밀어 도울 수도 있고요.

불평등을 고치기 위해서는 더욱 넓은 시각으로 세상을 둘러볼 필요가 있어요. 나에게는 쉬운 일이 다른 사람에게는 어려운 일일 수 있으니까요.

또 어떤 일을 할 수 있을까요? 두 눈을 크게 뜨고 주위를 둘러보도록 해요.

모두가 행복한, 장애물 없는 세상을 만들어요!

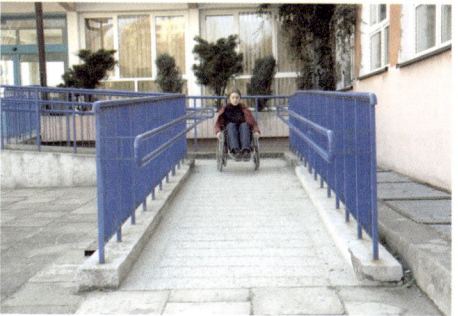

비장애인은 아무렇지 않게 이용하는 여러 시설물이 장애인에게는 커다란 장애물이 될 수도 있답니다. 장애인들이 자유롭게 움직일 수 있도록 거리를 정비하고 교통 시설 및 편의 시설을 갖추어야 하겠지요?

대화와 배려가 필요해요!

　우리는 흔히 자유와 평등이 전혀 다른 것이라고 생각해요. 하지만 자유와 평등은 서로 반대되는 것이 아니에요. 오히려 서로 부족한 점을 채워 완전하게 하는 것이지요. 모든 사람이 완벽한 자유를 누린다는 것은, 결국 모든 사람이 평등한 것과 같거든요.

　따라서 자유를 위해서 평등을 제한할 수도 있고, 반대로 평등을 위해서 자유를 제한할 수도 있어요. 최대한 많은 사람들이 최대한 행복해지기 위해서 말이에요. 모든 사람들이 자유롭고 또 평등한 상태야말로, 완전한 행복이 아닐까요?

　안타깝게도 복잡한 현대 사회에서 이것을 이루기 쉽지 않아요. 그렇기 때문에 노력을 해야 하지요. 이때 꼭 필요한 것이 두 가지 있어요. 바로 대화와 배려랍니다.

　대화를 나누다 보면 서로 원하는 게 무엇인지를 알 수 있어요. 자연스레 모두가 똑같은 걸 하는 게 평등이 아니라, 모두가 원하는 걸 하는 게 평등임을 깨닫게 되지요.

　서로 원하는 게 겹칠 수 있지 않느냐고요? 그럴 때 필요한 게 배려예요. 때로는 나보다 다른 사람을 먼저 생각해 보세요. 배려하는 것은 결코 손해 보는 것이 아니니까요.

　다른 사람을 배려하고 존중하는 마음에서 평등이 비롯된다는 것을 꼭 알았으면 해요.

 더 알아보기

모두 평등하게! 소수 집단 우대 정책

세계화 시대로 접어들며 한 나라에 한 민족만 사는 경우는 거의 없어졌어요.

미국의 경우, '민족의 용광로'라고 불릴 정도로 다양한 민족이 모여 살죠. 우리나라에도 취업·결혼 등의 이유로 다른 나라에서 온 사람들이 뿌리를 내려 살고 있답니다.

세계화로 인해 소수 집단의 권리 문제가 새롭게 주목받고 있어요. 다른 집단에 비하여 상대적으로 수가 적은 집단을 소수 집단이라고 해요. 어떤 사회든지 다수 집단과 소수 집단이 존재하기 마련이지요.

　그런데 소수 집단이 다수 집단에 의해 차별을 받는 경우가 종종 있어요. 이 문제를 해결하기 위해 소수 집단 우대 정책이 마련됐지요. 인종·성별·종교·장애 등의 이유로 불리한 처지에 있는 사람들에게 혜택을 줌으로써 차별을 줄이고자 한 것이랍니다. 예를 들어, 회사에서 소수 집단의 사람을 일정 비율 이상 뽑아야 하는 것처럼 말이에요.

　우리나라의 농어촌 특별 전형 제도 역시 소수 집단 우대 정책이라 할 수 있어요. 도시에 비해 교육 환경이 상대적으로 열악한 지역의 학생들에게 대학 진학의 기회를 확대하는 것이니까요.

　한편에서는 소수 집단 우대 정책이 역차별이 아니냐며 비판하는 사람도 있어요. 하지만 이러한 정책의 배경에는 모든 사람을 동등하게 대우하고 기회를 공정하게 주려는 생각이 있다는 것을 알아야 해요.

　소수 집단 우대 정책은 그들을 특별히 대우하는 것이 아니라, 사회 구성원 모두가 평등해지기 위한 노력이라는 것을 기억하세요!

모두가 인간답게 살아야 한다고요!

　어느 도시의 높은 기둥 위에 행복한 왕자 동상이 우뚝 서 있었어요. 온몸은 금으로 덮이고, 두 눈에는 반짝이는 사파이어가 박히고, 빨간 루비가 빛나는 칼을 찬 아름다운 동상이었지요. 왕자가 세상을 떠나자, 사람들이 그리워하며 동상을 세운 것이었답니다.
　그런데 행복한 왕자는 행복하지 않았어요. 동상이 되어서 처음 본 백성들의 삶이 무척 힘들어 보였거든요.
　'백성들의 고통을 미처 알지 못했구나! 동상이 된 내가 무얼 할 수 있을까?'
　그때 제비 한 마리가 날아왔어요. 추위를 피해 남쪽으로 향하던 중 잠시 몸을 쉬러 온 것이었죠.
　"제비야, 내 몸을 장식한 황금과 보석을 떼어 내서 가난한 사람들에게 나누어 주렴."
　제비는 망설였어요. 하루라도 빨리 따뜻한 남쪽으로 가지 않으면 얼어 죽을 수도 있으니까요.

하지만 행복한 왕자의 진심을 느끼고 그를 도와주기로 했어요.

행복한 왕자가 초라해질수록 사람들은 행복해졌지요.

그러던 어느 날, 추운 날씨 탓에 결국 제비는 눈을 감고 말았어요.

이제 볼품없어진 행복한 왕자 동상을 시 의원들은 녹여 버리기로 결정했지요.

그런데 이때 하느님이 천사에게 세상에서 가장 아름다운 두 가지를 가져오라고 명령했어요.

천사는 행복한 왕자와 제비의 영혼을 가져다 바쳤고, 둘은 하늘나라에서 행복하게 살았답니다.

행복한 왕자가 들려주는
사회권 이야기

행복한 왕자는 자신을 희생해서 많은 사람들을 행복하게 만들어 주었어요. 그리고 제비와 하늘나라에 올라가 행복하게 살았지요. 하지만 행복한 왕자가 지금도 아쉬워하는 점이 있다고 해요. 그게 무엇인지 함께 들어 볼까요?

안녕하세요, 행복한 왕자예요. 나는 궁전에서 태어나 많은 것을 누리며 행복하게 살았어요. 그래서 모두가 나처럼 행복한 줄로만 알았지요. 궁 밖에 나간 적이 없었거든요.

그런데 죽은 뒤 동상이 되고 나서 알았어요. 세상에는 가난한 사람이 많다는 것을요. 나는 그들을 돕고 싶었어요. 다행히 제비가 도와주어 황금과 보석을 나누어 줄 수 있었지요.

하느님은 제비와 나를 하늘나라로 데려갔어요. 여기 있는 게 행복하지 않다면 거짓말일 거예요. 하지만 가끔 그런 생각을 해요. 왜 살아 있을 때 내가 살던 나라를 하늘나라처럼 만들지 못했을까, 하고 말이에요.

나는 한 나라의 왕자였어요. 그 힘으로 무엇을 할 수 있었을지 알아보았지요. 그렇게 사회권에 대해 알게 되었어요.

사회권은 비교적 최근에 생긴 인권 개념이에요. 과거의 인권 운동은 영국의 명예혁명이나 프랑스의 시민 혁명처럼, 국가 지배층에게 빼앗긴 자유와 권리를 찾기 위해 벌어졌어요. 그 결과 국가가 개인이 가진 자유와 권리를 침해하는 일이 금지됐지요.

그런데 이렇게 국가의 개입을 막으니 새로운 문제가 생겼어요. 개개인이 서로의 자유와 권리를 최대한으로 누리기 위해 경쟁하다 보니, 그 경쟁에서 밀려나 삶을 유지할 수 있는 최소한의 조건도 가지지 못하는 사람들이 생겨나고 만 것이죠. 제가 보았던 가난한 사람들처럼 말이에요.

자본주의*의 탄생은 이런 현상을 부추겼어요. 돈이 없어서 병원에 가지 못하고, 공부를 하지 못하고, 먹을 것을 사지 못하는 사람이 점점 늘어났어요. 평등하지 못한 일이었죠. 그래서 몇몇 사람들이 들고 일어났어요.

"국가가 나서서 사회 구성원 모두가 최소한의 삶을 보장할 수 있게 해, 실질적인 평등을 이루어야 한다!"

가난은 단지 개인의 문제가 아니라 사회가 책임져야 할 문제라고 주장한 거예요.

이렇게 국가로부터 최소한의 인간다운 생활을 보장받을 권리, 즉 사회권이 생겨났지요.

내가 살아 있었을 때 사회권에 대해 알고 있었으면 얼마나 좋았을까요? 그럼 모두가 행복한 세상을 만들 수 있었을 텐데……

---
*자본주의 자유롭게 경쟁하며 생산 활동을 해 이익을 얻는 경제 제도를 말해요.

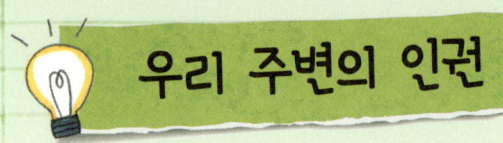
우리 주변의 인권

　사회권은 인간다운 생활을 위하여 필요한 것을 나라에 요구할 수 있는 권리를 말해요. 사회권에는 교육을 받을 권리, 일할 기회를 얻을 권리, 쾌적한 환경에서 살 권리 등이 있지요. 누구나 최소한의 교육을 받을 수 있고, 일할 기회를 보장받을 수 있으며, 또 건강한 환경 속에서 살 수 있는 거예요.

　'가난 구제는 나라도 못한다.'라는 속담이 있어요. 남의 가난한 살림을 도와주기란 끝이 없는 일이어서, 개인은 물론 나라의 힘으로도 가난을 해결할 수 없다는 뜻이지요. 어떤 사람들은 이 속담을 내세워서 사회권을 강화하는 일이 쓸모없다고 주장해요.

　하지만 우리가 정확히 알아야 할 건, 사회권은 가난을 없애자는 것이 아니라 최소한의 인간다운 생활을 보장하자는 데서 출발했다는 거예요.

　경제적인 여유가 없어서 좋은 집, 좋은 옷, 좋은 음식 등을 가지지 못할 수도 있어요. 하지만 집이 없어서 거리를 헤매고, 먹을 게 없어서 굶고, 아픈 데 병원에 가지 못해도 될까요?

　밥 열 술이 한 그릇이 된다는 뜻의 '십시일반(十匙一飯)'이란 고사성어처럼, 사회 구성원 모두가 조금씩 힘을 모으면 누구나 최소한의 인간다운 삶을 유지할 수 있을 거예요.

자, 이제 파키스탄의 아미라에게서 온 편지를 읽어 볼까요?

안녕, 친구들! 나는 파키스탄에 사는 12살 소녀 아미라라고 해.

너희들의 소원은 뭐니? 내 소원은 학교에 가서 공부를 하는 거야. 공부 소리만 들어도 머리가 지끈거린다고? 하지만 내 얘길 들어 보면 생각이 바뀔 거야.

나는 아침에 일어나자마자 공장에 가서 축구공을 만들어. 축구공 하나를 만들기 위해서는 무려 1,500번 넘게 바느질을 해야 해. 온종일 손이 부르트도록 말이야. 축구공 하나를 만들면 200원 정도를 받아. 내가 만든 축구공은 외국에서 10만 원이 넘는 가격에 팔린대.

그런데 더욱 슬픈 게 무엇인 줄 아니? 축구공을 만드느라 학교에 가지 못한다는 거야. 나는 의사가 되고 싶어. 그런데 겨우 글만 읽고 쓸 줄 알 뿐이야.

어린이는 무슨 꿈이든 이룰 수 있다고? 나는 꿈조차 꿀 수 없는 상황에 놓여 있어. 그게 너무 슬퍼……

훌륭한 의사가 될 수도 있는 아미라 같은 아이가 공부할 수 없는 건, 개인의 불행이기도 하지만 사회적으로도 큰 불행이에요. 다행히 세계적으로 이런 어려운 상황에 놓인 어린이들을 돕는 손길이 생겨나고 있답니다.

한편, 우리나라도 사회권의 중요성을 깨닫고 여러 가지 복지 제도를 만들어 가고 있어요.

먼저 눈에 띄는 제도를 하나 소개할게요. '문화 누리 카드'가 그것이죠. 문화 누리 카드 제도는 경제적·사회적 어려움으로 문화생활을 누리기 힘든 이들을 도와요. 이 카드로 서점에서 책을 살 수도, 극장에서 영화를 볼 수도, 기차표를 예매할 수도, 스포츠 관람표를 구입할 수도 있답니다.

총 730억 원의 예산을 들여 144만 명의 저소득층 대상자가 혜택을 받을 수 있도록 해서, 문화생활을 누리기 힘들었던 이들에게 작은 행복을 주었지요.

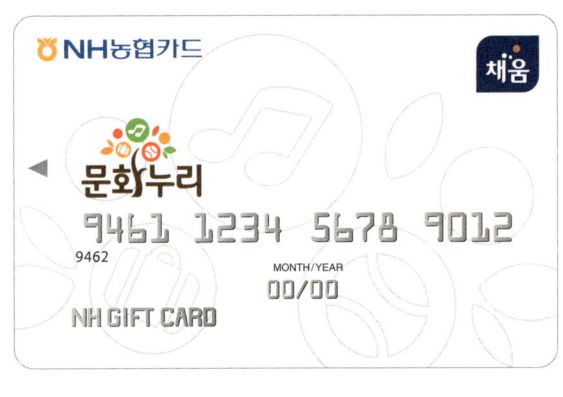

어찌 보면 의아할 수도 있을 거예요. 문화생활을 누리라고 지원금을 주다니, 차라리 그 돈으로 먹고사는 데 더 많은 도움을 주는 게 나으리라 생각할 수도 있어요.

만약 그런 생각을 했다면, 사회권에 대해 조금 오해하고 있는 거예요. 앞에서 말했듯이, 사회권은 최소한의 인간다운 생활을 보장하는 것이니까요. 누구에게나 즐거움을 누릴 권리가 있어요. 어떤 사람에게는 배를 채워 주는 밥 한 그릇보다, 마음을 채워 주는 책 한 권이 더 간절할 수도 있답니다.

문화 누리 카드 제도는 사회적 약자를 위한 제도예요. 경제가 성장하면서 복지 제도 또한 확대되고 있어요. '사회적 약자를 위해'에서 '모두를 위해'로 말이에요. 어떤 것이 있는지 알아볼까요?

여러분 모두는 학교에 다니고 있을 거예요. 우리나라 국민이라면 부자건 가난하건 관계없이 모두 무료로 교육을 받을 수 있지요. 2004년에는 원래 초등학교 6년이던 의무 교육 과정을 중학교 3년까지, 9년으로 확대했답니다.

또 영유아는 예방 접종 지원받을 수 있고, 65세 이상 노인이라면 누구나 지하철을 무료로 이용할 수 있어요. 어때요, 모두를 위한 복지 맞지요?

앞으로 이러한 제도가 더욱 늘어나 사회권을 확대하는 데 도움이 되길 기대해요. 물론 그에 따르는 어려움도 많겠지만, 우리 모두가 힘을 모은다면 문제없을 거예요.

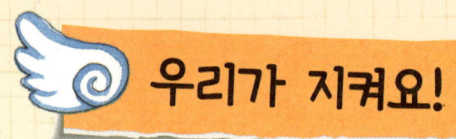

인간다운 삶을 살기 위해 필요한 것은 무엇일까요?

인간다운 삶을 살기 위해 필요한 것은 무엇일까요? 필요하다고 생각하는 것을 모두 골라 보세요.

모두 필요하다고요? 더 필요한 것이 있으면 직접 적어 봐요.

우리가 살아가는 데 입을 것·먹을 것·살 곳이 꼭 필요해요. 이 기본적인 것들을 의식주라고 하지요.

인간답게 살기 위해서는 의식주 외에도 많은 것이 필요해요. 쾌적한 환경이나 안전을 지켜 줄 제도와 기관, 여가나 문화생활을 즐길 곳 또한 필요하지요.

이렇게, 인간다운 삶을 살기 위해서 필요한 것이 무척 많아요. 하나하나 늘어놓다 보면 그 수에 새삼 놀랄 거예요. 그런데 이 모든 것들을 스스로 만들  어 내고 채울 수 있을까요? 불가능하겠지요? 그래서 우리는 사회를 이루고 살아가는 것이랍니다. 사회는 여러 제도를 마련해 인간다운 삶을 살 수 있도록 돕는 것이고요.

그렇다면 사회 구성원 모두가 인간다운 삶을 누리도록 노력하는 것은, 곧 나 자신의 인간다운 삶을 위한 일이기도 하겠지요? 여러분이 이러한 생각을 가지고 사회권을 바라보았으면 좋겠어요.

사회권은 큰 보험?!

한 보험 회사에서 재미있는 광고를 내보낸 적이 있어요. 신문에 연어를 잡는 거대한 곰의 사진을 실은 거예요. 그리고 그 아래 다음과 같은 글을 써 놓았죠.

이 사진을 보면 모두 자신이 곰이라고 생각하죠.
하지만 연어일 수도 있다고요!

위기는 누구에게나 찾아오니 보험 상품에 가입하라는 재치 있는 메시지를 담은 거예요.

우리는 언제나 불행이 '나'를 비켜 갈 거라고 생각해요. 이런 생각이 나쁜 건 아니에요. 그런데 이런 생각을 가지고 사회권 확대에 대한 불

만을 가지는 경우도 있어요.

어차피 난 사회적 약자가 될 일이 없을 텐데, 사회권 확대를 위해 세금을 쓰는 건 아까워.

하지만 미래가 어떻게 될지 알 수 없어요. 그러니 사회권을 큰 보험으로 여기면 어떨까요? 나 역시 사회권의 혜택을 받을 수 있어요. 그렇게 생각하면 사회권이 확대되는 게 오히려 즐거울걸요?

더 나아가 사회적 약자를 보호하기 위한 정책이 만들어지도록 노력해 볼까요? 물론 어린이 여러분이 직접 사회적 약자를 위한 정책을 만들 수는 없어요. 하지만 주위를 살펴보고 무엇이 필요한지 건의할 수는 있죠.

개인의 목소리는 작지만 그 소리를 듣고 사람들이 모인다면, 언젠가는 세상에서 가장 떠들썩한 소리를 낼 수도 있을 거예요.

 더 알아보기

비정규직이 뭐예요?

뉴스를 통해 비정규직 근로자의 안타까운 사연을 들은 적이 있지요? 비정규직이란 무엇일까요? 사전을 찾아보면 '근로 방식 및 기간, 고용의 지속성 등에서 정규직과 달리 보장을 받지 못하는 직위나 직무'라고 나와 있어요. 비정규직이나 정규직이나 일을 하는 것은 같지만 몇 가지 다른 점이 있답니다.

우리나라는 사회 보험 제도를 마련하고 있어요. 질병·실직 등에 대비해서 말이에요. 그런데 비정규직의 경우 사회 보험 가입률이 정규직에 비해 낮아요. 따라서 여러 가지 혜택에서 소외되고 있지요. 일하는 도중

　다쳐도 자기 돈으로 치료해야 하고, 직업을 잃어도 실업 수당을 받을 수 없어요.

　또 대개 정규직에 비해 임금을 적게 받아요. 비정규직과 정규직의 임금 격차는 갈수록 벌어지고 있답니다.

　그런데 비정규직은 왜 생겼을까요? 1997년, 우리나라에 경제 위기가 닥치며 기업의 형편이 나빠졌어요. 기업은 임금 지출을 줄이기 위해, 상대적으로 임금이 적고 계약 기간에 따라 쉽게 해고할 수 있는 비정규직을 늘렸지요.

　비정규직 근로자가 급속히 늘어나며 이들에 대한 차별 대우 문제 또한 심해지고 있어요. 많은 비정규직 근로자가 권리를 보장받지 못하고 있는 거예요. 근로자로서 정당한 대우를 받는 것은 당연한 일인데 말이에요.

　비정규직에 관한 여러 문제를 해결하기 위해서 사회적 제도가 마련되어야 하겠지요? 우리 함께 목소리를 높여요.

06 우리는 평화를 꿈꿔요

악마를 물리친 비법, 평화!

어느 시골 마을에 농부 이반이 살았어요. 이반의 두 형은 욕심이 많았어요. 그래도 이반은 두 형을 미워하지 않았답니다. 바보처럼 착했으니까요.

나쁜 악마는 세 형제의 사이를 갈라놓으려고

꾀를 냈어요. 두 형은 악마의 부하들에게 속아 넘어가 쫄딱 망하고 말았지요.

하지만 이반을 꾀지는 못했어요. 오히려 이반에게 잡혀 선물을 남기고는 땅속으로 사라졌지요. 이반은 이렇게 얻은 선물로 두 형을 왕으로 만들어 주었어요. 이반 역시 공주님의 병을 낫게 해 왕이 되었지요.

세 형제가 왕이 됐다는 사실에 악마는 몹시 화가 나 직접 나서기로 했어요. 악마는 두 형을 왕위에서 내쫓고 빈털터리로 만들었답니다. 그리고 이반을 찾아갔지요.

악마는 이반에게 군대를 만들자고 말했어요. 또 금화를 만들어 유혹했지요. 하지만 이반은 유혹에 넘어가지 않았어요.

"난 빵과 우유면 충분해."

악마는 계획이 모두 실패하자 길길이 날뛰었어요. 그 모습을 본 이반은 악마에게 하느님의 축복이 있길 바랐어요. 그 순간, 악마는 사라지고 평화가 찾아왔답니다.

바보 이반이 들려주는
평화권 이야기

대체 바보 이반은 어떻게 악마를 무찌를 수 있었을까요? 바보 이반을 만나 직접 들어 봐요.

어라, 이야기를 들으러 왔다고? 어쩌지, 나는 바보라서 재미있는 이야기 같은 건 모르는데.

응? 내가 어떻게 악마를 물리칠 수 있었냐고? 그 이야기라면 해 줄 수 있지. 마침 저녁때까지 시간도 남았고.

내가 공주님의 병을 치료해 왕이 되자, 많은 사람들이 다른 나라로 떠나갔어. 바보가 왕인 나라에서는 살 수 없다고 말이야.

그래도 나는 행복했어. 아침이면 일어나 땀 흘려 일했고, 저녁이면 맛있는 음식을 먹으면서 쉬었거든.

그런데 악마가 찾아왔지 뭐야. 악마는 내게 강력한 군대를 만들어 주겠다고 말했어. 다른 나라와 전쟁을 벌여서 영토를 넓히라고. 나는 그 말에 따르지 않았어. 군대가 얼마나 무서운 것인지 보았으니까. 어떻게 보았냐고?

왜, 그전에 악마의 부하가 선물을 남기고 땅속으로 사라졌잖아? 남긴 선물이 무엇인 줄 아니? 바로 신기한 능력이란다. 처음에는 군대가 나팔을 불고 노래 부르는 무리인 줄로만 알았어. 그래서 주문을 걸어 군대를 만들었지. 그걸 보고 큰형이 부탁했어.

"이반아, 나에게 군대를 만들어 주렴."

큰형의 부탁이니까 당연히 들어줬지. 큰형은 내가 만들어 낸 군대로 전쟁을 벌였어.

도대체 왜 전쟁을 벌이는 거지? 남편을 잃은 부인이 눈물 흘리는 모습, 부모를 잃은 아이가 거리를 헤매는 모습……, 전쟁으로 인해 수많은 사람들이 죽어 갔단 말이야. 그날 이후 나는 군대를 만들지 않겠다고 결심했지.

어떤 사람들은 내게 나라를 지킬 군대 정도는 있어야 되지 않겠냐고 말했어. 하지만 나는 그것도 싫었어. 그저 나라가 평화롭기만을 바랐지.

전쟁은 인간의 생명뿐 아니라 행복을 빼앗아 가. 우리에겐 이러한 위험으로부터 보호받을 권리가 있어. 평화를 요구할 수 있는 권리, 즉 평화권이 있다는 거야. 아, 물론 이건 공주님이 해 준 이야기야. 난 바보이니까 말이야, 흐흐.

그런데 안타깝게도 평화를 중요하지 않게 여기는 사람들도 있대. 하긴, 큰형도 군대를 앞세워 세상을 지배하고 싶어 했으니까.

아! 악마를 어떻게 물리쳤는지 물어봤지? 미안, 내가 바보라서 이야기가 다른 데로 새어 버렸네. 악마를 물리친 방법은 다른 게 아니야. 바로 평화를 바라는 마음을 간직하고 있는 거지. 평화를 바라는 마음에서 악마의 제안을 모두 거절해 버리니까, 악마가 제 화에 못 이겨 사라져 버렸지 뭐야. 그리고 진정한 평화가 찾아왔지.

너희 세상에도 전쟁이 사라지고 진정한 평화가 찾아오길 바라. 어이쿠, 벌써 저녁때가 되었네? 우리 함께 밥 먹으러 갈까?

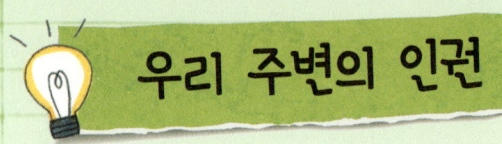
우리 주변의 인권

세계 인권 선언은 전쟁에 대한 충격과 반성에서 비롯되었어요. 전쟁 속에서 인권이 무참히 짓밟혔거든요.

생명을 빼앗고 환경을 파괴하는 전쟁을 없애는 것, 그러니까 평화를 지키는 일은 인권을 위해 반드시 필요해요.

하지만 여전히 세계 곳곳에서는 이익을 얻기 위해서, 또는 생각의 차이로 인해서 크고 작은 전쟁이 벌어지고 있어요. 정말 안타까운 일이지요.

과학자 아인슈타인은 이런 말을 남겼어요.

"제3차 세계 대전에서 어떤 무기를 쓸지 알 수 없지만,
제4차 세계 대전에서는 몽둥이와 돌을 들고 싸울 것이다."

무슨 뜻이냐고요? 과학이 발전하면서 무기를 만드는 기술 역시 발달했어요. 만약 제3차 세계 대전이 일어나면 핵무기를 사용할 것을 누구도 의심하지 않아요.

1945년 8월, 일본 히로시마에 폭탄이 떨어졌어요. '리틀 보이'라는 이름이 붙은 이 폭탄은 도시를 순식간에 폐허로 만들었지요. 무려 15만 명이 넘는 사람들이 죽거나 다쳤답니다. 인류 역사상 가장 끔찍한 무기인 원자 폭탄이 전쟁에서 처음 쓰인 거예요.

제2차 세계 대전을 치르는 동안, 미국은 최고의 과학자들을 모아 전쟁을 단번에 끝낼 위력적인 무기를 만들라고 명령했어요. 결국 앞에서 말했던 원자 폭탄이 탄생했지요. 그러자 미국의 강력한 라이벌이었던 소련* 역시 원자 폭탄 개발에 뛰어들었어요. 이때부터 많은 강대국들이 원자 폭탄과 같은 핵무기를 개발하는 데 열을 올리기 시작했답니다.

그 결과, 전 세계에 무려 2만여 개에 이르는 핵무기가 존재하게 되었어요. 그중 단 한 발만 발사되어도 세계는 멸망하고 말 거예요. 인간은 스스로를 멸망시킬 수 있는 힘을 가지게 된 거지요.

---

*소련 '소비에트 사회주의 공화국 연방'을 줄인 말이에요. 유라시아 북쪽에 있던 세계 최초의 사회주의 국가였으나 1991년에 해체되었지요.

그래서 아인슈타인이 제4차 세계 대전에서는 원시 시대처럼 몽둥이와 돌을 들고 싸울 것이라 예상한 것이랍니다.

전 세계는 평화를 위해 핵무기를 줄여 나가기로 했어요. 하지만 전쟁의 위험이 완전히 사라진 것은 아니지요.

전쟁으로 가장 피해를 입는 것은 평범한 사람들이에요. 이렇게 전쟁이나 재난 등으로 인해 어려움을 겪는 사람들을 '난민'이라고 불러요.

2004년, 영화 〈터미널〉이 전 세계적으로 큰 인기를 끌었어요. 영화의 줄거리는 이래요. 동유럽의 가상 국가 '크라코지아'에 사는 평범한 남자 '빅터'는 비행기를 타고 미국으로 향했어요. 그런데 공항 입국 심사대를 빠져나가기 전 충격적인 소식을 들었지요. 전쟁이 일어나 크라코지아가 잠시 정부가 존재하지 않는, 무정부 국가가 되었다는 거예요. 빅터는 자기 나라로 돌아갈 수도 없고 공항 밖으로 나갈 수도 없었어요. 결국 공항에 살며 온갖 어려움을 겪는답니다.

정말 안타까운 이야기지요? 그런데 이 영화가 실화를 바탕으로 만들어진 것을 알고 있나요? 이란 출신의 '메르한 카리미 나세리'가 그 주인공이에요. 메르한은 영국에서 유학하던 중, 이란

왕정*에 반대하는 시위에 참가했어요. 이 일로 이란에서 추방당하고 국적 없는 난민이 되었답니다.

이후 메르한은 여러 국가의 문을 두드리며 자신을 받아들여 달라고 부탁하지만, 모두 거절당했어요. 메르한을 받아들여줬다가 이란과의 관계가 나빠질 것을 염려한 탓이었죠. 결국 메르한은 프랑스 파리 샤를 드골 공항에서 10여 년 동안 생활하기에 이른답니다.

메르한은 부패와 독재, 그리고 종교에 대한 탄압 등을 이유로 왕정에 반대한 거예요. 단지 이란을 평화롭게 만들려고 했을 뿐이지요. 하지만 메르한의 조국은 그런 메르한을 내쫓으며 난민으로 만들어 버렸답니다.

이처럼 국가의 지도층은 때로는 이익을 위해 평화를 버리기도 해요. 심할 경우 국가의 이익을 위한다면서 전쟁을 선택하기도 하지요. 그 결정으로 인한 피해는 고스란히 힘없는 국민들이 입어요. 이런 일이 계속되자 사람들은 생각했어요.

"우리 스스로 평화를 되찾자!"

같은 생각을 하는 사람들이 곳곳에서 나타났어요. 그들은 국가를 넘어 전 세계의 평화를 외쳤어요.

이렇게, 평화를 위협하는 모든 것들을 몰아내기 위해 모두 힘을 합치자는 생각을 통해 평화권이 탄생했지요.

---
*왕정 왕이 다스리는 정치 제도를 말해요. 현재 이란은 왕정을 폐지하고 이슬람 공화국을 설립했답니다.

우리가 지켜요!

보낼 것인가? 말 것인가? 파병 문제

지금도 세계 곳곳에서는 크고 작은 전쟁이 벌어지고 있어요. 세계화가 진행되면서 전쟁은 그 지역만의 문제가 아니라 지구촌이 함께 고민해야 할 문제가 되었지요.

UN은 다툼을 해결하고 평화를 지키기 위해 평화 유지군을 전쟁 지역으로 보내요.

평화 유지군은 UN에 속한 각 나라가 보낸 부대로 구성돼요. 1948년, 이스라엘 건국을 둘러싸고 일어난 제1차 중동 전쟁 때 파견된 것이 그 시초지요.

우리나라의 군대도 평화 유지군으로 활동하고 있어요. 그런데 이렇게 우리나라 군대를 파견하는 문제를 두고 격렬한 논쟁이 벌어지고 있답니다.

6·25 전쟁 때를 생각해 보세요. 우리를 위해 싸워 준 UN군의 희생이 없었다면 전쟁의 피해는 더욱 심각했을 겁니다. 따라서 우리 역시 전쟁으로 고통받는 다른 나라를 도와야 합니다. 그리고 지금과 같은 지구촌 시대에는 다른 나라에서 벌어진 전쟁 때문에 우리나라까지 위험해질 수도 있어요. 파병은 우리나라를 비롯한 세계 평화를 지키는 일이라고요!

평화 유지군 역시 군대입니다. 평화를 지키기 위해 군대를 보낸다는 것은 뭔가 이상하지 않습니까? 이제 평화를 지킬 다른 방법을 찾아야 합니다. 그리고 파병 중 우리나라 군인이 다치거나 죽는 안타까운 사건도 종종 일어납니다. 정부는 국민을 보호할 의무가 있습니다. 괜히 위험한 곳으로 파병할 필요는 없지요!

파병에 대한 여러분의 생각은 어떤가요? 생각을 정리하며 평화의 소중함을 다시금 깨닫고, 평화를 지키기 위해 어떤 노력을 해야 할지 고민해 보세요.

평화는 우리의 당연한 권리!

전쟁을 벌이는 이들에게는 나름의 이유가 있어요. 하지만 그게 정말 중요한 이유일까요?

인터넷에 '전쟁 난민'을 검색하면, 전쟁으로 인해 고통받는 사람들의 모습을 볼 수 있어요. 그들은 내일에 대한 희망 없이 슬픈 눈으로 세상을 바라보지요. 그 모습을 보면 어떤 것도 전쟁을 벌일 만한 이유가 되지 못함을 깨닫게 돼요.

모든 사람에게는 인권이 있으며, 또한 인권을 누릴 수 있는 사회에서 살아야 해요. 이를 위해서 노력하는 것은 우리의 의무이지요. 따라서 평화를 당당히 요구할 수 있어야 한답니다.

유니세프는 제2차 세계 대전 직후인 1946년에 만들어진 UN의 기구예요. 지난 70년 동안 어려운 처지에 놓인 전 세계 어린이를 위하여 다양한 보호 사업을 펼쳐 왔지요. 그중에는 전쟁으로 고통받는 어린이를 위한 사업도 있어요.

전쟁으로 인해 난민이 된 어린이들 대부분은 가족 없이 홀로 위험한 상황에 놓여요. 이 어린이들은 학대와 착취 등 그들의 인권을 짓밟는 폭력에 노출되기 쉽지요. 유니세프는 어린이 난민을 보호하고 교육하는 등 다양한 활동을 벌이고 있답니다.

여러분도 이 친구들을 도울 수 있어요. 지금, 유니세프 홈페이지(www.unicef.or.kr)를 방문해 보세요. 용돈을 기부할 수도 있고요, 유니세프에서 제작한 상품을 구매해 도움을 줄 수도 있답니다.

구입한 상품을 친구들에게 자랑하며 유니세프에 대해 설명해 보는 것은 어때요? 이런 작은 힘이 모여 큰 힘을 발휘할 수 있을 거예요.

여러분이 평화권을 위해서 할 수 있는 일에는 또 무엇이 있을지 생각해 보세요.

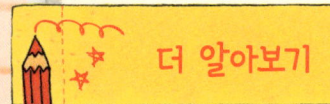 더 알아보기

책 대신 총을 든 소년들

여러분은 스트레스를 풀기 위해 전쟁 게임을 즐기기도 하지요? 마우스를 클릭해 총을 빵빵 쏘면서요. 또는 전쟁을 소재로 한 영화나 책을 재미있게 보고 읽기도 해요.

그런데 실제로 전쟁터에 나가 싸워야 한다면 어떨까요? 총알이 날아다니고 폭탄이 터지는 곳, 잘못하면 부모님과 친구들의 얼굴을 영영 못 볼 수 있어요.

어린이가 전쟁터에 나간다니, 말도 안 되는 일이라고요? 안타깝게도 지금 이 순간에도 여러분 또래의 소년병들이 전쟁터에서 책 대신 총을

들고 서 있답니다.

  소년병은 전쟁과 같은 무력 갈등에 동원된 만 18세 이하의 아이들을 말해요. 적에게 복수하려고 스스로 군대에 들어가는 경우도 있고, 강제로 끌려가 총을 드는 경우도 있지요.

  하지만 그 목적이 무엇이든 간에, 어린 나이에 보호받지 못하고 전쟁터 한가운데 서 있다는 것은 몹시 슬프고 안타까운 일이에요. 사람을 죽이고 다치게 한 기억은 오랫동안 가슴에 상처로 남아 그들을 괴롭힐 테니까요.

  UN은 소년병을 중대한 인권 범죄로 보고, 이를 막기 위해 온 힘을 다하고 있답니다.

  소년병들이 평화의 길을 걷는 그날이 하루빨리 찾아왔으면 좋겠지요? 총 대신 책을 들고 활짝 웃을 그날을 기대해요.

07
우리 모두 함께!

동물의 생명과 자유도 소중해요!

어느 맑은 날, 공주님이 황금 공을 가지고 숲으로 놀러 갔어요. 공주님은 황금 공을 무척 좋아했거든요. 그런데 그만 황금 공을 연못에 빠트리고 말았지 뭐예요.

그때, 연못에서 개구리 한 마리가 튀어 나왔어요.

"공주님, 황금 공을 가져다줄 테니 제 소원을 들어주세요!"

"그래, 황금 공만 찾아 준다면 원하는 건 뭐든 들어줄게."

개구리는 연못에서 황금 공을 찾아왔어요.

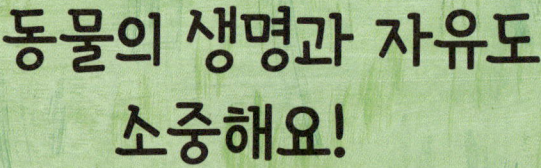

"제 소원은 공주님과 함께 식사를 하고 같은 침대에서 자는 거예요. 저와 친구가 되어 주세요!"

개구리의 소원을 듣고 난 공주님은 큰 웃음을 터뜨렸어요.

"뭐, 감히 개구리 주제에 나랑 친구를 하겠다고? 널 집어 던지지 않는 걸 다행으로 여기렴."

공주님이 황금 공을 챙겨 돌아가려 하자, 개구리가 그 앞을 가로막았어요.

"잠깐만요, 약속을 어기겠다는 건가요?"

"개구리랑 한 약속일 뿐인데, 뭐가 어때서?"

"안 돼요! 동물에게도 권리가 있는 걸 모르세요?"

개구리는 답답하다는 얼굴로 이야기를 하기 시작했어요. 잠시 뒤 공주님의 얼굴은 새빨개졌답니다.

개구리 왕자가 들려주는
동물권 이야기

개구리에게 어떤 이야기를 들었길래 공중님의 얼굴이 새빨개졌을까요? 그리고 동물에게도 권리가 있다니, 이건 또 무슨 말일까요? 개구리를 불러서 물어보기로 해요.

여러분, 반가워요. 나에게 물어볼 것이 있다고요? 그런데 모두 놀란 토끼 눈을 하고 있네요. 개구리가 말을 하는 게 그렇게 놀랄 일인가요?

하하, 저는 사실 개구리가 아니라 이웃 나라의 왕자랍니다. 못된 마녀의 저주에 걸려 개구리로 변해 버리고 말았지요.

저주를 풀기 위해 얼마나 떠돌았는지 몰라요. 온갖 나쁜 일도 겪었지요. 어떤 사람은 제게 돌을 던졌고요, 또 어떤 사람은 뒷다리를 잡아채 땅바닥에 내다 꽂았어요. 단지 개구리라는 이유만으로요!

저는 생각했어요. 동물이라고 함부로 다루어져도 되는가, 동물에게는 어떤 권리도 없는가, 하고 말이에요.

저 역시 개구리로 변하기 전에는 동물의 권리에 대해서 전혀 생각해 보지 않았어요. 그런데 인권의 역사를 되돌아보니 그래서는 안 되겠더라고요. 도대체 무슨 이야기냐고요?

오늘날 인권은 당연한 권리로 여겨지고 있어요. 하지만 멀지 않은 과거만 해도 여자·유색 인종 등에게는 인권이 없었지요. 그래서 민주주의 사회에서 시민에게 주어지는 당연한 권리인 투표권도, 사회에 진출할 수 있는 어떤 기회도 허락되지 않았어요. 하지만 이런 상황이 부당하다고 생각한 수많은 사람들의 노력으로 인권의 크기는 점점 커져 갔어요.

그래요, 인권의 역사는 어찌 보면 인권의 크기를 키워 간 발자취라 보면 될 거예요. 이러한 노력을 통해 모든 사람이 생명을 가지는 그 순간, 인권도 함께 생겨난다는 천부 인권 사상도 뿌리내릴 수 있었죠.

그런데 생각해 보세요. 사람이 단지 생명을 가지는 것만으로 권리가 생긴다면, 동물도 생명을 가지는 순간 권리가 생기는 것 아닐까요?

동물권을 확대하는 것은, 생명을 대하는 태도의 문제라 볼 수 있어요. 현대 사회에서 동물은 인간보다 약한 존재예요. 이런 동물에게 폭력을 일삼는 사람은 자기보다 약한 사람에게도 폭력을 행할 수 있겠지요? 동물과 사람을 대하는 태도가 크게 다르지 않을 테니까요.

인간을 위해서 그동안 너무 많은 동물이 희생당했어요. 과거에는 단순히 배고픔과 추위를 해결하기 위해 사냥을 하는 정도였죠. 하지만 오늘날은 돈을 벌기 위해, 또는 재미를 위해 동물을 학대하거나 죽이는 경우가 있어요. 과연 인간에게 동물을 마음대로 할 권리가 있는 걸까요? 인권을 위해서는 생명의 소중함을 실천해야 해요. 그렇다면 동물의 생명 또한 지켜 줘야 하지 않을까요?

다행히 전 공주님을 만나 다시 인간으로 돌아갈 거예요. 하지만 늘 개구리였을 때의 기억을 떠올리며 동물 학대를 막기 위해 노력할 거랍니다. 여러분도 저와 함께 동물권을 지키는 데 앞장서요. 개골! 앗, 이건 버릇이어서…….

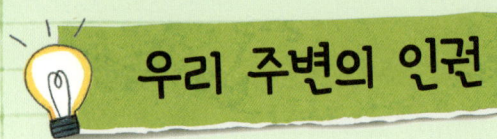

우리 주변의 인권

"동물에게도 권리가 있다고요?"

동물권에 대해 이야기할 때 사람들은 흔히 이런 반응을 보여요. 혹시 인간이 동물보다 우월하다고 생각하나요? 그렇다면 인권의 역사를 다시 돌아봐야 해요. 다른 누구보다 우월하다고 여기는 일이 얼마나 무서운 결과를 불러왔는지 말이에요.

동물 역시 인간과 마찬가지로 행복할 권리가 있어요. 우리는 동물에게서 빼앗은 자유와 행복을 돌려줘야 해요. 만약 동물권을 보장하는 일을 미루다 보면, 모든 동물이 사라지고 지구에 인간밖에 남지 않을 수도 있어요. 확대 해석하는 게 아니냐고요?

1500년대에 일어난 일이에요. 포르투갈 선원들이 긴 항해를 하던 중 잠시 쉬기 위해 인도양에 위치한 모리셔스 섬에 들렀어요. 섬에서 선원들은 신기한 새를 보았지요. 칠면조보다 큰 새는 날지 못했어요. 섬에 천적이 살지 않아 날 필요가 없었거든요. 그래서 날개가 퇴화* 된 거예요.

"새가 날지도 못하다니, 이거 바보 아니야?"

이렇게 해서 새의 이름은 '도도'가 되었어요. 포르투갈 어로 어리석다는 뜻이었지요. 도도는 선원들에게 좋은 사냥감이었어요. 수많은 도도가 총칼 아래 죽어 갔지요.

그 이후에도 도도는 고통을 받았어요. 사람들과 함께 들어온 쥐·

---

*퇴화 생물체의 기관이나 조직이 쓰지 않아 점점 없어지거나 작아지는 것을 말해요.

돼지·원숭이 같은 동물들이 도도의 알을 훔쳐 먹었거든요. 도도의 숫자는 빠르게 줄어들었지요. 결국 1681년, 멸종되어 지구에서 사라졌답니다.

그런데 놀라운 사실이 밝혀졌어요. 모리셔스 섬에서 자라는 카바리아 나무 역시 사라질 위기에 놓였는데, 그 원인이 도도의 멸종 때문이라는 거예요. 이 나무의 씨앗은 도도의 소화 기관을 거쳐야만 싹을 틔울 수 있었거든요.

다행히 과학자들의 노력으로 칠면조를 이용해 카바리아 나무를 다시 번식시킬 수 있게 되었지만, 우리를 반성하게 하는 사건이지요. 인간의 잘못으로 생태계가 파괴될 수 있음을 보여 주고 있으니까요.

지구에 사는 모든 동식물은 서로 관계를 맺고 있어요. 그렇기 때문에 동물을 함부로 해친다면 결국 인간 역시 멸종할 수도 있답니다. 도도를 비롯한 수많은 동식물이 멸종된 이후 인간은 비로소 잘못을 깨달았어요. 그리고 동물을 보호하기 위한 법을 만들었지요.

그렇다면 현대에는 동물 학대가 모두 사라졌을까요? 슬프지만 아니에요.

상상일보   20××년 ×월 ×일

동물원의 인기 스타 제돌이, 고향으로 돌아가나?

서울시가 불법 포획으로 논란에 휩싸인 서울 대공원의 돌고래 '제돌이'를 바다로 돌려보내기로 결정했다. 따라서 제돌이는 더 이상 돌고래 쇼에 서지 않을 것이며, 또한 바다로 돌아가기 위해 적응 훈련에 들어갈 것이라 밝혔는데……

돌고래 '제돌이'는 동물원의 인기 스타였어요. 물살을 가르며 뛰어올라 링을 통과하면 모두가 즐거워하며 박수를 쳤지요. 그런데 말이에요, 돌고래 쇼에서 재주를 선보이는 제돌이 역시 즐거웠을까요?

제돌이는 원래 제주 앞바다에서 자유롭게 살던 돌고래였어요. 그러던 2009년의 어느 날, 어부가 쳐 놓은 그물에 걸려들었죠. 돌고래는 보호 어종이기 때문에 그물에 걸리더라도 풀어 줘야 해요. 하지만 사람들은 돈을 벌고자 나쁜 방법을 선택했어요.

"돌고래 쇼에 이용하면 돈을 많이 벌겠는걸?"

이렇게 제돌이는 동물원에 살며 쇼에 이용되었답니다.

2012년이 되어서야 제돌이가 불법으로 잡힌 돌고래라는 사실이 밝혀졌어요. 서울시는 제돌이를 어떻게 할지 고민했지요. 제돌이를 무턱대고 바다로 돌려보내면 적응하지 못할 수도 있으니까요.

서울시는 제돌이가 다시 바다의 삶에 익숙해지도록 여러 가지 훈련을 진행했어요.

그리고 2013년, 비로소 제돌이는 적응 훈련을 마치고 고향 바다로 돌아갔답니다. 이 일은 우리나라에서 동물권에 대한 인식을 높이는 데 큰 역할을 했지요.

물론 제돌이를 가까이에서 보지 못하는 것은 무척 아쉬울 수 있어요. 하지만 단지 인간의 즐거움을 위해 동물을 희생시키는 것은 옳지 못한 일 아닐까요?

이렇게 동물의 권리에 대해 관심을 가지기 시작한 건 최근의 일이에요. 모든 사람들이 동물도 행복할 권리를 가졌다는 것을 받아들이기까지 많은 시간이 필요할 거예요. 그날을 위해 우리 모두 관심을 가지고 노력했으면 해요.

우리가 지켜요!

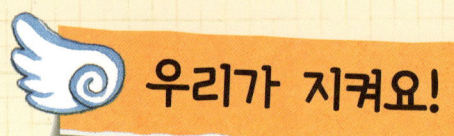

07 우리 모두 함께!

언제까지 기다리면 될까요?

 고개를 갸우뚱하며 꼬리를 살랑살랑 흔드는 강아지의 모습에 마음을 빼앗긴 적이 있을 거예요.
 "우리도 강아지 키워요!"
 뒷일은 생각지 않고 부모님을 조른 적도 있겠지요? 기분에 따라 강아지에서 고양이로, 고양이에서 햄스터나 기니피그로 그 대상이 바뀌기도 했을 거예요.
 하지만 깊이 생각해 보아야 해요. 동물은 장난감이 아닌 생명이며, 생명을 돌보는 일에는 무거운 책임이 따르는 것을요.
 너무 쉽게 반려 동물을 들이면서, 사람들은 조금이라도 번거롭거나 불편하면 그걸 참지 못하고 반려 동물을 버리곤 해요.
 우리나라만 해도 한 해 평균 약 10만 마리의 유기견이 발생하는데요, 이렇게 버려진 강아지의 상당수는 새 주인을 만나지 못하고 안락사를 당한대요. 정말 안타까운 일이지요?
 동물 역시 하나의 생명체로 존중받아야 해요. 우리와 함께하는 동물들이 어떻게 살고 있는지 관심을 가지는 일은 동물권을 확대하는 데 큰 힘이 될 거예요.

우리는 장난감이 아닌 생명이에요!

동물 실험, 반대해요!

최근 들어 이른바 '착한 화장품'에 대한 사람들의 관심이 높아지고 있어요.

착한 화장품이 뭐냐고요? 제조 과정에서 동물 실험을 하지 않은 화장품을 말해요.

의약품·화장품 등을 개발

할 때, 동물을 이용해 실험을 하곤 해요. 동물의 피부에 실험 물질을 바르거나 직접 먹이기도 하지요. 사람에게 어떤 영향을 미칠지 모르는 물질의 안전성을 알아보기 위해서요.

그런데 생각해 보세요. 인간의 편의를 위해서 이렇게 동물을 희생시켜도 되는 것일까요? 인간과 동물의 유전자는 달라서 그 결과가 정확하게 들어맞지 않을 수도 있는데 말이에요.

게다가 과학 기술의 발달로 다른 방법으로도 안정성을 검사할 수

있어요. 인간 세포를 이용하거나 인공 피부를 이용하는 등의 방법으로요.

동물 실험이 우리 생활에 도움을 줄지라도 이를 대신할 다른 방법이 있다면 동물 실험을 하지 않는 것이 옳은 일

일 거예요. 그렇지요?

　동물권에 대한 관심이 높아지며 많은 사람들이 동물 실험에 반대하는 목소리를 내고 있어요. 그 결과 EU(유럽 연합)는 동물 실험을 거친 화장품의 판매와 수입을 금지했지요. 우리나라에서도 동물 실험을 하지 않겠다고 발표한 화장품 업체들이 점점 늘어나고 있어요.

　동물 역시 하나의 생명체로, 보호받을 권리가 있어요. 우리가 흔히 쓰고 있는 물품 가운데 동물 실험을 이용한 제품이 있는지 찾아봐요. 그 제품이 만들어질 때, 필요 이상으로 동물이 희생당하지는 않았는지 알아보는 것도 좋겠지요?

 더 알아보기

동물 복지라고요?

　동물권에 대한 관심이 높아지면서 동물 산업에 대한 반성도 일어나고 있어요. 동물을 비좁은 공간에 가둬 기르는 사육 방식은 생산량을 늘렸지만 많은 문제를 낳았거든요.

　양계 산업을 예로 들어 볼까요? 부화기에서 나온 병아리들은 태어나자마자 컨베이어 벨트에 실려 수컷과 암컷으로 분류돼요. 알을 낳지 못하는 대부분의 수컷은 그길로 죽음을 맞지요.

　살아남은 병아리들도 행복한 것은 아니에요. 더럽고 비좁은 닭장에 살며 평생 혹사당하니까요. 게다가 햇볕을 쬐여 주는 대신 조명을 이용

해요. 알 낳는 시간을 조절하려고요. 단지 생산량을 높이기 위해서 말이에요.

이런 환경에서 자라니 질병에 취약할 수밖에 없고, 이를 해결하기 위해 많은 양의 항생제를 투여해요. 이렇게 사용된 항생제는 달걀을 먹는 우리 인간에게까지 영향을 미치지요. 환경적·윤리적으로 크나큰 문제가 아닐 수 없어요.

이러한 문제를 해결하고자 미국은 1873년 동물 복지법을 발표했어요. 이 법은 인간이 동물에 미치는 고통을 최소화하며, 동물의 심리적 행복을 실현하는 것을 목표로 했지요. 우리나라 역시 1991년에 동물 보호법을 만들었답니다.

동물 복지 인증 마크도 있어요. 농림 축산 식품부는 동물 복지 기준에 따라 동물을 사육하는 농장에서 생산되는 축산물에 표시를 하고 있지요.

앞으로 부모님과 함께 장을 볼 때, 동물 복지 인증 마크를 확인하고 구입하는 것은 어때요? 이러한 작은 노력으로 동물들에게 행복을 찾아 줄 수 있답니다.